LAS TIC EN EL AULA DE TECNOLOGÍA.

Guía para su aplicación a la metodología de proyectos.

Raúl López Curiel

Ingeniero Industrial

Profesor de Secundaria – Tecnología.

Asociación para el desarrollo del profesorado

Las TIC en el aula de Tecnología.

Guía para su aplicación a la metodología de proyectos.

Segunda edición, 2014

Autor: Raúl López Curiel

Edita: ADP Asociación para el desarrollo del profesorado

www.adp.com.es

info@adp.com.es

ISBN 978-1-291-60929-5

PRÓLOGO

Uno de los grandes retos actuales de los sistemas educativos de todo el mundo es conseguir la integración de las TIC en la educación. Sin embargo, los estudios científicos constatan -algo que ya suponíamos los docentes en nuestra práctica diaria- que esta integración está lejos de ser una realidad, ya que el uso de las TIC todavía no se ha generalizado y mucho menos se ha incluido en el proceso de aprendizaje.

La integración de las TIC en la educación es fundamental para que el alumnado del siglo XXI alcance las competencias necesarias al finalizar la educación obligatoria. El alumnado de secundaria de nuestros días está "sobreinformado" por estar expuesto a un continuo flujo de información que provoca saturación de datos (la televisión, Internet, el cine, la publicidad, la radio, etc.). El nuevo reto para la docencia es ayudar a reconstruir dicha información con la finalidad de convertirla en un conocimiento comprensible y con significado. Esta meta educativa requiere que en las aulas se potencie y se desarrolle en los alumnos las habilidades y competencias relacionadas con la búsqueda de información, con saber discriminar lo que es información útil y de interés para ciertos propósitos, analizar y contrastar datos obtenidos de diversas fuentes, así como aprender a organizarla, reconstruirla y difundirla. En definitiva, es enseñar a utilizar la enorme información disponible y ofertada por las TIC de forma inteligente y crítica. Es el principio de "aprender haciendo" como contraposición a métodos de enseñanza basados en la transmisión expositiva del conocimiento y en su recepción por parte de los alumnos.

Sin embargo, la única incorporación de las TIC no basta para garantizar el éxito del aprendizaje si se mantienen los modelos de enseñanza del pasado. Hace falta que las nuevas tecnologías de la información y la comunicación se pongan al servicio de unos nuevos modelos de aprendizaje, en los que el alumnado deje de ser un elemento pasivo en el proceso de enseñanza–aprendizaje y pase a ser un elemento activo en el proceso de adquisición del conocimiento y en los que se utilicen las TIC como herramientas del proceso de aprendizaje.

En el caso concreto del área de Tecnología de la ESO, una gran parte del currículo está dedicada a las nuevas tecnologías, pero es muy frecuente que el profesorado de Tecnología utilice las TIC como un fin y no como una herramienta del proceso de enseñanza-aprendizaje. Por otra parte, la metodología principal del área de Tecnología es el denominado método de proyectos, mediante el cual el alumnado aprende "haciendo", siguiendo los pasos del método de resolución de problemas técnicos. En consecuencia, toda aportación en la mejora de las TIC en el área de Tecnología puede revertir en el principio de "aprender haciendo" que debería estar presente en todas las áreas de la ESO, el Bachillerato y la Formación Profesional.

Esta publicación nos ofrece dos grandes aportaciones. Primero, una selección y clasificación de las herramientas TIC que el alumnado de Tecnología dispone para su utilización de forma activa en el proceso de enseñanza-aprendizaje, promoviendo aquellas herramientas que sean gratuitas o al menos que dispongan de una versión básica gratuita, que sean aplicaciones web y si son de escritorio que sean multiplataforma, que posibiliten el trabajo colaborativo, y a ser posible, que estén disponibles en español.

En segundo lugar, se presenta una propuesta metodológica para integrar las TIC en la metodología basada en proyectos. Para ello se han identificado las tareas que el alumnado realiza habitualmente en cada una de las fases del proyecto y se han relacionado con los tipos de herramientas previamente clasificadas.

"Las TIC en el aula de Tecnología.Guía para su aplicación a la metodología de proyectos" es una publicación creada por un profesor de Tecnología pensada principalmente para profesores de Tecnología, con la finalidad de que introduzcan las TIC en su práctica docente, aunque extrapolable a otros ámbitos de la educación secundaria.

Pero su ámbito de interés no se limita a los profesores de Tecnología, ni tampoco al resto de profesores de secundaria. Este libro es mi texto de referencia en la asignatura "Innovación educativa e introducción a la investigación" del Máster Universitario en Profesorado de Educación Secundaria Obligatoria y Bachillerato, Formación Profesional y Enseñanza de Idiomas.

Mª Rosario Vidal Nadal

Doctora Ingeniero Industrial

Catedrática de Proyectos de Ingeniería

Departamento de Ingeniería Mecánica y Construcción

Universidad Jaume I

ÍNDICE

ÍNDICE DE FIGURAS

ÍNDICE DE TABLAS

Capítulo 1
Introducción

Contenido

1.1 Objeto.

1.2 Justificación.

1.3 Hipótesis.

1.4 Objetivos.

1.5 Metodología.

1.6 Estructura.

1 INTRODUCCIÓN

1.1 Objeto

La aparición de lo que en su momento se llamaron las "Nuevas Tecnologías" en las últimas décadas del siglo XX, ha tenido una incidencia creciente en todos los ámbitos de nuestra vida. Estas Nuevas Tecnologías, denominadas habitualmente Tecnologías de la Información y la Comunicación (TIC), son consideradas como uno de los agentes más eficaces del cambio social por su transformación de los mercados, la industria, las administraciones públicas y la sociedad misma (Martín, 2006). Efectivamente, las TIC y en especial Internet se desarrollan e incorporan a la vida de los ciudadanos a una velocidad vertiginosa. Los efectos que Internet y sus múltiples aplicaciones tienen en la vida de los ciudadanos, de las empresas, de las instituciones y de los gobiernos se han manifestado en menos de una década. Por otra parte, se observan muchos cambios en la forma de comunicarse, de organizarse, incluso de trabajar o divertirse.

Las últimas décadas del siglo pasado se caracterizaron por el acelerado avance y evolución de las TIC, que permiten acceder fácilmente a volúmenes de información inimaginables en el pasado y de conectarse con otros colectivos o ciudadanos fuera de los límites del espacio y del tiempo (Martín-Laborda, 2005). La "sociedad de la información", como se ha llamado a esta era, ha generado grandes transformaciones y beneficios tanto en la banca como en el comercio, la industria, el entretenimiento, etc.

Los sistemas educativos de todo el mundo, no ajenos a esta realidad, pretenden la integración de las TIC en la educación. Sin embargo, los estudios sobre la utilización de las TIC que se están llevando a cabo realmente en las aulas ponen de manifiesto que la incorporación de estas tecnologías a la práctica docente habitual está lejos de ser una realidad (López & Miranda, 2007). Como concluye Area (2005a) tras realizar una revisión de las líneas de investigación sobre la integración de las TIC en el sistema escolar, a pesar de casi dos décadas de esfuerzos continuados y de proyectos impulsados institucionalmente por las distintas administraciones educativas para la incorporación de las TIC a la enseñanza, todavía su uso no se ha generalizado ni se ha convertido en una práctica integrada en los centros escolares.

La presente investigación trata de contribuir en la mejora del conocimiento de la aplicación de las TIC como apoyo al proceso de enseñanza-aprendizaje de la Tecnología en la ESO. Se pretende que este trabajo sirva de orientación al profesorado del área a la hora de introducir las TIC en su práctica docente.

De acuerdo con Pontes (2005a), el uso de las TIC en el proceso de enseñanza-aprendizaje se puede analizar desde dos puntos de vista: desde el punto de vista del **profesorado** y desde el del **alumnado**. En el presente trabajo nos interesamos por el estudio de las TIC desde el punto de vista del alumnado. Con este fin, se realiza una revisión de las herramientas y recursos TIC que el alumnado de Tecnología puede utilizar de forma activa para construir su propio aprendizaje y se propone una clasificación en función de su utilidad para el alumnado. Adicionalmente, se realiza una propuesta de aplicación de dichas herramientas TIC durante el desarrollo de los proyectos propios del área en la ESO.

1.2 Justificación

Como se ha comentado en el apartado 1.1, los sistemas educativos de todo el mundo pretenden la integración de las TIC en la educación. En línea con los planteamientos internacionales, en el sistema educativo español, la ley vigente en el ámbito de la Educación Secundaria establece que las TIC se trabajarán en todas las áreas, sin perjuicio de su tratamiento específico en algunas de las materias de la etapa (artículo 24 del Capítulo III de la LEY ORGÁNICA 2/2006, de 3 de mayo, de Educación). El tratamiento específico al que se refiere la citada Ley en la ESO, tiene lugar principalmente en las materias de Informática y Tecnología.

Sin embargo, ya se ha comentado también que la integración de las TIC en la Educación está lejos de ser una realidad ya que su uso todavía no se ha generalizado ni se ha convertido en una práctica integrada en los centros escolares.

Estudios realizados con el fin de analizar las dificultades para la plena incorporación de las TIC en el aula en distintas comunidades autónomas (Suarez et al. 2002; Bo y Sáez, 2005; Fuentes et al., 2005; Urkijo, 2004) coinciden en señalar como principales obstáculos percibidos por los profesores: la escasez de recursos, la falta de formación del profesorado, la falta de materiales y modelos curriculares y la falta de tiempo y de motivación. Conclusiones parecidas se obtienen de estudios realizados a nivel europeo (Jones, 2004) y de estudios similares en Estados Unidos (Lara, 2006).

Nuevo paradigma en la educación

Saber escribir y leer en el siglo XXI ya no significa ser una persona alfabetizada. Estas habilidades, aunque siguen constituyendo la base, no son suficientes para acceder a toda la información que hoy circula por Internet. No se trata ya de transmitir sólo unos datos predeterminados para que el alumno los reproduzca, sino de enseñar a aprender a lo largo de toda la vida y, para ello, de transmitir capacidades o habilidades que permitan adaptarse a una sociedad en constante evolución. En este sentido, distintos organismos internacionales (OCDE, Unión Europea, UNESCO, etc.) están redefiniendo las nuevas competencias básicas del siglo XXI y advierten de la importancia de educar al alumnado para la sociedad del conocimiento, con el fin de que pueda pensar de forma crítica y autónoma, sepa resolver problemas, comunicarse con facilidad, reconocer y respetar a los otros, trabajar en colaboración y utilizar intensiva y extensivamente las TIC.

Así por ejemplo, en el informe "Habilidades y competencias del siglo XXI para los aprendices del nuevo milenio en los países de la OCDE" ("21st century skills and competences for new millennium learners in OECD countries") (Ananiadou & Claro, 2009) se analizan y detallan las nuevas habilidades y competencias que demandan el mercado laboral y la sociedad actual y que capacitarán a los estudiantes para realizar un trabajo de forma eficaz en el futuro. Estas destrezas cognitivas son inseparables de las tecnologías. Por una parte, porque el propio desarrollo tecnológico genera nuevos modos de trabajar y de aprender y, por otra, porque las nuevas herramientas digitales son de gran utilidad para desarrollar estas habilidades y competencias.

Según el informe del proyecto de la OCDE, las principales habilidades y competencias que deben adquirir los aprendices del nuevo milenio están relacionadas con los nuevos modos de información y comunicación digitales. Entre ellas, destacamos las siguientes:

- Ante el exceso de material informativo disponible en la actualidad, el estudiante debe adquirir habilidades para buscar, seleccionar, evaluar y organizar la información.

- Una vez compilada y organizada la información, el alumno debe aprender también a transformarla y desarrollar sus propias interpretaciones. De este modo, se fomentan habilidades de creatividad, innovación, toma de decisiones y resolución de problemas.
- Las aplicaciones TIC incrementan las posibilidades de comunicación en grupo, que requiere habilidades como la coordinación o el trabajo en equipo.
- Para comunicarse con los nuevos medios digitales, el estudiante debe trabajar competencias esenciales que le hagan transmitir sus mensajes de forma eficaz. Para ello necesita desarrollar el pensamiento analítico y reflexivo.
- Un uso responsable de las TIC exige por parte del alumno reconocer sus riesgos potenciales y respetar las normas sociales de comportamiento en el entorno digital. Esto favorece el pensamiento crítico y la toma de decisiones.

Así pues, existe un consenso entre los estados de la OCDE de que lo que necesita saber el alumnado del siglo XXI al finalizar la educación obligatoria, no es una ingente acumulación de contenidos que envejecerán o se harán insuficientes rápidamente, sino la adquisición de unas **nuevas competencias** necesarias para su incorporación a estudios posteriores y para su inserción laboral.

Muchos autores destacan la importancia de estas nuevas competencias para el siglo XXI. Por ejemplo, Bartolomé (1996) ya apuntaba que *"lo que realmente necesitan nuestros alumnos es desarrollar su capacidad de buscar información por su cuenta, valorarla, seleccionarla, estructurarla e incorporarla a su propio cuerpo de conocimientos"*. Area (2004) sintetiza los nuevos retos educativos en varias ideas. La primera de ellas es que *"el alumnado de secundaria de nuestros días está sobreinformado"* por estar expuesto a un continuo flujo de información que provoca saturación de datos (la televisión, Internet, el cine, la publicidad, la radio, etc.). Area considera que mucha información, no significa necesariamente más conocimiento. Todo lo contrario. Para Area, el nuevo reto para la docencia es ayudar a reconstruir dicha información con la finalidad de convertirla en un conocimiento comprensible y con significado. Esta meta educativa requiere que en las aulas se potencie y se desarrolle en los alumnos las habilidades y competencias relacionadas con la búsqueda de información, con saber discriminar lo que es información útil y de interés para ciertos propósitos, analizar y contrastar datos obtenidos de diversas fuentes, así como aprender a organizarla, reconstruirla y difundirla. En definitiva, es enseñar a utilizar la enorme información disponible y ofertada por las TIC de forma inteligente y crítica.

Sin embargo, el interés en que el alumnado adquiera este tipo de competencias no es algo nuevo. En el documento elaborado por el Ministerio de Educación y Ciencia (1987) para discutir el proyecto de reforma de la enseñanza previo al desarrollo de la LOGSE, se especificaba que:

> *El acelerado ritmo de innovaciones tecnológicas reclama un sistema educativo capaz de impulsar en los estudiantes el interés por aprender. Y que ese interés ante nuevos conocimientos y técnicas se mantenga a lo largo de su vida profesional, que probablemente tenderá a realizarse en áreas diversas de una actividad productiva cada vez más sujeta al impacto de las nuevas tecnologías.*

Alva (2008) destaca también que el nuevo modelo educativo en la sociedad de la información debe centrar el aprendizaje en la motivación, en la resolución de problemas y en el trabajo colaborativo. También destaca que la habilidad de trabajar en grupo, en base a proyectos definidos es también de gran importancia en el nuevo contexto económico y social. Es el principio de "aprender haciendo" como contraposición a métodos de enseñanza basados en la transmisión expositiva del conocimiento y en su recepción por parte de los alumnos.

El papel de las TIC ante el nuevo paradigma

En este contexto, y teniendo en cuenta también que la universalización de la educación y la ampliación de la edad de escolarización obligatoria hasta los 16 años en la mayoría de países ha propiciado la existencia en las aulas de una diversidad sin precedente en cuanto a ritmos y estilos de aprendizaje, es en el que las TIC juegan un papel decisivo ya que, gracias a su capacidad para el manejo de la información y el desarrollo de la comunicación, permiten tanto el **aprendizaje autónomo** necesario para atender a la diversidad existente en las aulas (Alba, 1994) como el **aprendizaje colaborativo** trabajando en equipo de forma colaborativa (Adell, 2004).

Sin embargo, muchas investigaciones efectuadas al respecto (Area 2004 y 2005b; Christensen, Horn & Johnson, 2008; Pontes, 2005b; Sancho et al., 2006) ponen de manifiesto que la incorporación de las TIC no basta para garantizar el éxito del aprendizaje si se mantienen los modelos de enseñanza del pasado. Hace falta que las nuevas tecnologías de la información y la comunicación se pongan al servicio de unos **nuevos modelos de aprendizaje**, en los que el alumnado deje de ser un elemento pasivo en el proceso de enseñanza–aprendizaje y pase a ser un elemento activo en el proceso de adquisición del conocimiento y en los que se utilicen las TIC como herramientas del proceso de aprendizaje.

En este sentido, se han realizado abundantes propuestas para la incorporación de las TIC en el proceso de enseñanza-aprendizaje en distintas áreas del ámbito de las ciencias de la ESO, evaluándose su efecto en el aprendizaje escolar (generalmente, su efecto en el rendimiento académico del alumno). A continuación se describen algunas de las propuestas mencionadas:

- Peña (2010) centra su atención en la enseñanza de la Geometría en la ESO y realiza una propuesta pedagógica consistente en la elaboración de una página web en la que ofrece, al alumnado y al profesorado, recursos para la enseñanza-aprendizaje de la Geometría en la ESO. El sitio web tiene dos objetivos principales: animar al profesorado de Matemáticas a usar las TIC en sus clases de Geometría y ayudar a los alumnos a comprender los conceptos geométricos a través de la página web.
- Otra propuesta de aplicación de las TIC en la Educación Secundaria pero centrada en la educación ambiental, es la realizada por Ojeda (2008) quien propone un modelo didáctico consistente en la creación de un programa colaborativo de educación ambiental dirigido al alumnado de secundaria de habla hispana. A través de un aula virtual, el alumnado de los centros que quieran participar debe trabajar colaborativamente y realizar una serie de actividades relacionadas con la Educación para la Sostenibilidad en el Medio Urbano utilizando para ello las TIC.
- Pontes (2005a y 2005b), realiza otra propuesta metodológica para cualquier ámbito de la educación científica, orientada a favorecer el aprendizaje reflexivo de las ciencias experimentales al utilizar software educativo tanto en la enseñanza secundaria como universitaria. La propuesta consiste en que el profesorado seleccione el software o los recursos informáticos más adecuados para cada momento y elabore un programa-guía de actividades que oriente el trabajo de los alumnos durante el proceso de enseñanza y aprendizaje basado en la aplicación educativa de las TIC.
- López y Morcillo (2007) proponen el uso de los laboratorios virtuales como recurso para desarrollar el trabajo experimental en la enseñanza de la Biología en la Educación Secundaria.
- Cañizares (2005) realiza una propuesta de enseñanza, basada en el uso de simulaciones por ordenador, para una unidad didáctica de Física en cuarto de la ESO ("Ondas, luz y sonido").

Sin embargo, no se han encontrado en la literatura propuestas metodológicas de aplicación de las TIC en el área de Tecnología de la ESO, probablemente porque se considere que las TIC ya están plenamente integradas en este área, ya que una gran parte del currículo de Tecnología (entorno al 50%) está dedicado a las nuevas tecnologías.

Coincidimos con Pantoja y Huertas (2010) al concluir en su análisis de las perspectivas, opiniones y actitudes del profesorado de Tecnología de la provincia de Jaén hacia las TIC, que: *"las TIC son herramientas fundamentales para la mejora de la calidad de la enseñanza, pero sólo si los profesores saben cómo aprovecharlas, cuentan con la formación adecuada y disponen de los recursos necesarios"*.

De hecho, mi experiencia como profesor de Tecnología en Secundaria, tras pasar por cuatro centros de secundaria diferentes, me permite asegurar que la gran mayoría del profesorado de Tecnología o bien no sabe cómo aprovechar las TIC o no cuenta con la formación adecuada o no dispone de los recursos necesarios. Y es que, es muy frecuente que en los centros docentes los recursos informáticos sean insuficientes para su uso generalizado de los mismos por parte de otros departamentos o profesores que no sean los de Informática. Además, la mayoría del profesorado de Tecnología ha adquirido sus conocimientos TIC de forma autodidacta debido al poco interés que se ha dado a este aspecto en la formación del profesorado en los antiguos Cursos de Aptitud Pedagógica (CAP). Por otra parte, debido a la falta de propuestas que muestren las posibilidades educativas de las TIC en el área de Tecnología, el profesorado tiene miedo a probar y experimentar el uso de las TIC en sus aulas y se suele limitar a la impartición de una serie de prácticas informáticas que distan mucho del planteamiento actual de las TIC no como un fin, sino como una herramienta más del proceso de enseñanza-aprendizaje del área de Tecnología.

Este último motivo avala el interés del presente trabajo. Creemos por tanto que nuestra aportación es pertinente y se ajusta a las nuevas estrategias educativas que se están planteando desde distintos organismos e instituciones educativas en todo el mundo.

Ante esta situación, se propone en este trabajo una **clasificación de las herramientas TIC que el alumnado del área de Tecnología de la ESO tiene a su disposición para su utilización de forma activa en el proceso de enseñanza-aprendizaje**, así como una **propuesta metodológica para integrar las TIC a la hora de abordar los proyectos tecnológicos** propios del área. De esta forma, se tiene la certeza de que se contribuirá a un mejor conocimiento y uso de las TIC en los procesos de enseñanza-aprendizaje de la Tecnología en la ESO y, por consiguiente, a alcanzar de modo más eficaz los objetivos que este área actualmente se plantea.

La idoneidad del área de Tecnología para la "verdadera" integración de las TIC

Como se ha comentado anteriormente, en las materias del área de Tecnología en la ESO, de carácter obligatorio en al menos dos de los cuatro cursos de la ESO y optativa en el resto, una gran parte del currículo (entorno al 50%) está dedicada a las nuevas tecnologías. El resto de las materias apenas incorporan en el currículo elementos relacionados con las nuevas tecnologías (excepto Informática, aunque es optativa en todos los cursos de la ESO y por tanto no se garantiza que haya sido cursada por todo el alumnado al finalizar esta etapa). No obstante, la metodología de cada departamento o profesor puede incluir, y de hecho así sucede, aunque en menor grado, el uso de las TIC en el aula.

Por otra parte, la metodología principal del área de Tecnología es el denominado **método de proyectos** mediante el cual el alumnado aprende "haciendo", siguiendo los pasos del método de resolución de problemas técnicos.

A la vista de las citadas características del área de Tecnología, parece evidente que este área constituye una oportunidad única y ventajosa para facilitar un cambio positivo en la educación y conseguir que el alumnado utilice las nuevas tecnologías de la información y la comunicación como herramientas en el proceso de aprendizaje y no como fin en sí mismas.

1.3 Hipótesis

Esta investigación se basa en la siguiente hipótesis de partida:

- Si las TIC son utilizadas convenientemente, contribuirán a mejorar el proceso de enseñanza-aprendizaje del área de Tecnología.

Como el presente trabajo pretende ser un trabajo meramente descriptivo, la validación de la hipótesis de la que partimos quedará refrendada con el trabajo completo de mi futura tesis doctoral, siendo este trabajo de investigación la primera fase de la misma.

1.4 Objetivos

Los objetivos principales del presente estudio son los siguientes:

1. Recopilar las herramientas TIC disponibles de interés educativo y clasificarlas en función del papel que pueden desempeñar para el alumnado de Educación Secundaria Obligatoria durante el proceso de enseñanza-aprendizaje de la Tecnología.
2. Describir las características de las principales herramientas TIC seleccionadas, con el fin de que sirvan para orientar al profesorado a la hora de seleccionar las herramientas TIC más adecuadas en su práctica docente, en función de los recursos informáticos disponibles y las características de su alumnado.
3. Desarrollar un modelo de uso y aplicación de las TIC como herramientas de apoyo para el alumnado durante el desarrollo de los proyectos propios del área de Tecnología.

Estos objetivos contribuirán al objetivo más ambicioso de mi futura tesis doctoral que es colaborar en el mejor conocimiento de la aplicación de las TIC a la práctica educativa del área de Tecnología, poniendo a disposición del profesorado del área, información eficaz para facilitar el cambio al nuevo paradigma que impone el uso de las TIC como herramientas en el proceso de aprendizaje.

1.5 Metodología

Con la finalidad de lograr el cumplimiento de los objetivos y avanzar en la corroboración de la hipótesis de partida, la metodología empleada en esta investigación ha seguido las etapas que se exponen en la Figura 1:

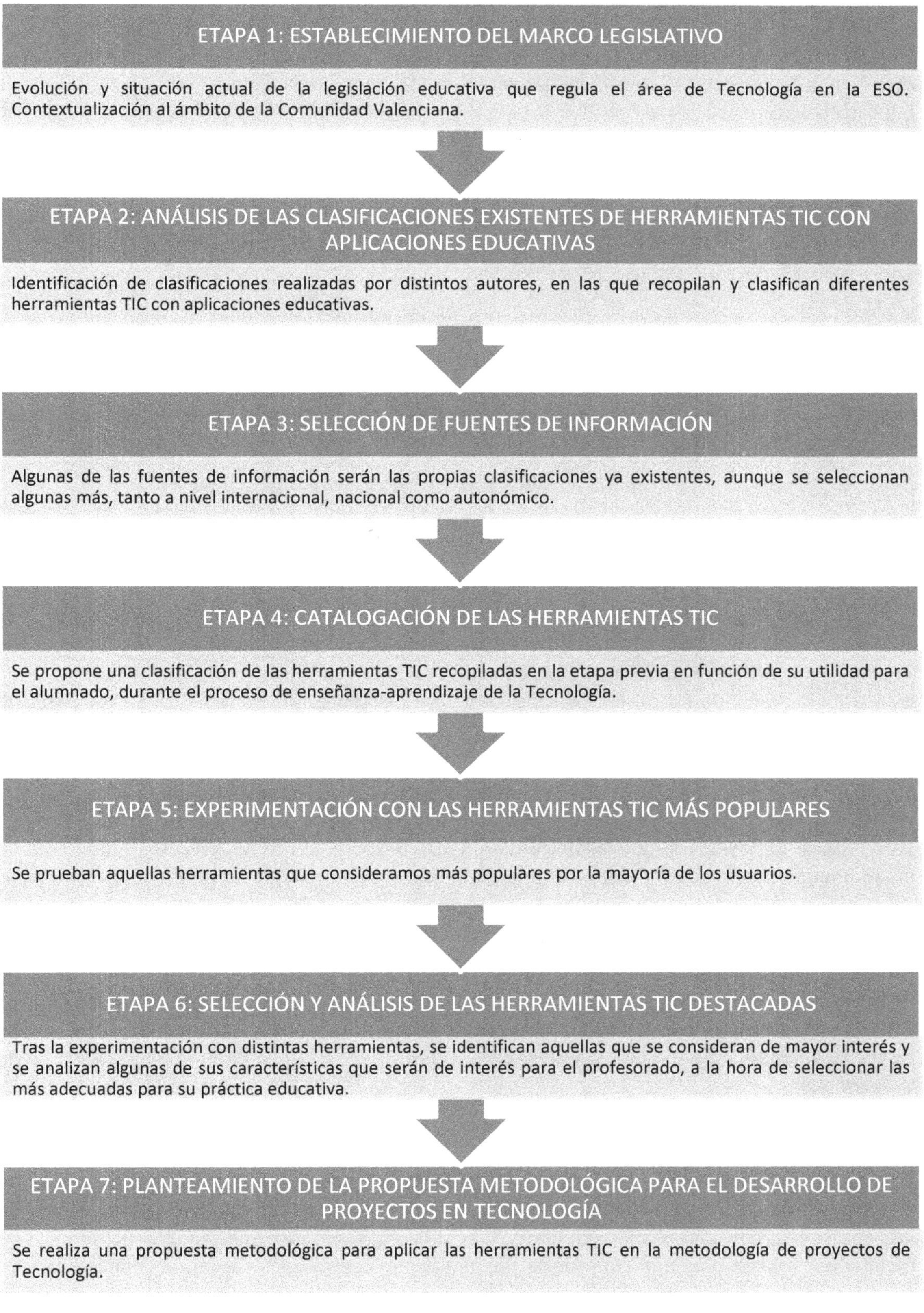

ETAPA 1: ESTABLECIMIENTO DEL MARCO LEGISLATIVO

Evolución y situación actual de la legislación educativa que regula el área de Tecnología en la ESO. Contextualización al ámbito de la Comunidad Valenciana.

ETAPA 2: ANÁLISIS DE LAS CLASIFICACIONES EXISTENTES DE HERRAMIENTAS TIC CON APLICACIONES EDUCATIVAS

Identificación de clasificaciones realizadas por distintos autores, en las que recopilan y clasifican diferentes herramientas TIC con aplicaciones educativas.

ETAPA 3: SELECCIÓN DE FUENTES DE INFORMACIÓN

Algunas de las fuentes de información serán las propias clasificaciones ya existentes, aunque se seleccionan algunas más, tanto a nivel internacional, nacional como autonómico.

ETAPA 4: CATALOGACIÓN DE LAS HERRAMIENTAS TIC

Se propone una clasificación de las herramientas TIC recopiladas en la etapa previa en función de su utilidad para el alumnado, durante el proceso de enseñanza-aprendizaje de la Tecnología.

ETAPA 5: EXPERIMENTACIÓN CON LAS HERRAMIENTAS TIC MÁS POPULARES

Se prueban aquellas herramientas que consideramos más populares por la mayoría de los usuarios.

ETAPA 6: SELECCIÓN Y ANÁLISIS DE LAS HERRAMIENTAS TIC DESTACADAS

Tras la experimentación con distintas herramientas, se identifican aquellas que se consideran de mayor interés y se analizan algunas de sus características que serán de interés para el profesorado, a la hora de seleccionar las más adecuadas para su práctica educativa.

ETAPA 7: PLANTEAMIENTO DE LA PROPUESTA METODOLÓGICA PARA EL DESARROLLO DE PROYECTOS EN TECNOLOGÍA

Se realiza una propuesta metodológica para aplicar las herramientas TIC en la metodología de proyectos de Tecnología.

Figura 1. Metodología aplicada en el estudio

A continuación, se describen cada una de las etapas abordadas durante la elaboración del estudio.

1.5.1 Establecimiento del marco legislativo

En primer lugar, se realiza una revisión exhaustiva de la evolución de la legislación educativa aplicable a este trabajo, desde los orígenes de la Tecnología como área curricular de la Educación Secundaria. Esta revisión nos permitirá conocer la particular trayectoria de las TIC como contenidos curriculares del área. La base normativa actual permitirá identificar:

- Los usos que se pretende que el alumnado de Tecnología haga de las TIC en su proceso de aprendizaje.
- Las orientaciones metodológicas que se proponen para desarrollar el método de proyectos en el área de Tecnología.

1.5.2 Análisis de las clasificaciones existentes de herramientas TIC con aplicaciones educativas

Una vez establecido el marco legislativo de referencia para el presente estudio, se procede al análisis de las clasificaciones realizadas referentes a los usos y aplicaciones educativas, en distintas áreas de la Educación Secundaria, de las múltiples herramientas TIC disponibles.

Entre las fuentes de información consultadas, se pueden destacar las siguientes:

- Literatura publicada: libros, artículos, tesis doctorales, etc.
- Internet: páginas web de asociaciones, instituciones, departamentos de educación, etc., wikis elaborados de forma colaborativa y blogs personales.

1.5.3 Selección de fuentes de información

Algunas de las fuentes de información consultadas para realizar la clasificación propuesta en este trabajo, han sido las propias clasificaciones ya existentes de herramientas y recursos TIC con aplicaciones educativas. Pero además, se han seleccionado otras, tanto a nivel internacional, nacional o autonómico.

1.5.4 Catalogación de las herramientas TIC

Para realizar la clasificación de las herramientas TIC desde el punto de vista de su utilidad para el alumnado en el proceso de aprendizaje de la Tecnología, nos hemos detenido a analizar los **contenidos** y los **criterios de evaluación** relacionados con las TIC que se establecen para cada curso en el currículo de Tecnología de la ESO en la Comunidad Valenciana.

En ambos casos, la legislación hace referencia explícita al uso que el alumnado debe realizar de distintas herramientas TIC para buscar información, gestionarla, comunicarse, crear archivos, etc. Nuestra labor ha consistido en agrupar y reordenar dichos usos en forma de secuencia lógica que el alumnado puede realizar de dichas herramientas en su proceso de aprendizaje de la Tecnología.

1.5.5 Experimentación con las herramientas más populares

Para cada uno de los tipos de herramientas TIC que engloban las distintas subcategorías de nuestra clasificación, se prueban aquellas herramientas que en las distintas fuentes de información se consideran más populares y aquellas que proporcionan un mayor número de resultados al realizar una búsqueda en Internet acerca de sus usos educativos. La experimentación consiste sencillamente en instalarla (si es una aplicación de escritorio) o registrarse (en aquellas herramientas que así lo requieren). Hay que destacar que nos hemos encontrado con que muchas de las herramientas consideradas como más populares ya no están disponibles o lo están pero han sido abandonadas por sus autores, quienes han dejado de proporcionar soporte para las mismas.

1.5.6 Selección de las herramientas TIC más destacadas

Para seleccionar las herramientas TIC que consideramos más destacadas, hemos verificado algunas características que consideramos de interés para el profesorado, a la hora de seleccionar y proponer las herramientas más adecuadas para su alumnado. Estas características son: la plataforma en la que puede ser utilizada, su coste, el idioma en el que está disponible, si requiere registro, y si permite o no el trabajo colaborativo.

En este trabajo estamos muy interesados en aquellas herramientas que sean gratuitas o al menos que dispongan de una versión básica gratuita, que sean aplicaciones web y si son de escritorio que sean multiplataforma, que posibiliten el trabajo colaborativo, y a ser posible, que estén disponibles en español.

1.5.7 Planteamiento de la propuesta metodológica para el desarrollo de proyectos en Tecnología

Para realizar nuestra propuesta metodológica para aplicar las herramientas TIC en la metodología de proyectos de Tecnología, hemos identificado las tareas que el alumnado realiza habitualmente en cada una de las fases del proyecto y las hemos relacionado con los tipos de herramientas de las subcategorías propuestas en nuestra clasificación.

1.6 Estructura

El presente trabajo está dividido en cuatro capítulos, incluyendo este primer capítulo introductorio.

En el capítulo 2 se describe el estado del arte sobre el particular tratamiento de las TIC a lo largo de las distintas leyes del sistema educativo español en el área de Tecnología de la Educación Secundaria Obligatoria. Además, se describe la metodología de proyectos propia de este área así como los principios en los que se fundamenta: la metodología de proyectos "tradicional" de la ingeniería y el Aprendizaje Basado en Proyectos (ABP) en Educación de Kilpatrick.

En el capítulo 3, en primer lugar se exponen algunas de las clasificaciones propuestas respecto a los recursos y herramientas TIC disponibles con aplicaciones educativas. A continuación se detallan las principales fuentes de información que se han tenido en cuenta para realizar la clasificación propuesta en este trabajo. Por último, se propone una clasificación de las herramientas y aplicaciones TIC en función de su utilidad para el alumnado al utilizarlas de forma activa durante su proceso de aprendizaje de la Tecnología.

En el capítulo 4 se realiza una propuesta metodológica para abordar los proyectos de Tecnología, mostrando cómo el alumnado puede emplear los distintos tipos herramientas TIC que se proponen en este trabajo, a la hora de realizar cada una de las tareas propias de cada fase del método de proyectos, así como en el desarrollo de una clase "teórica" de Tecnología en cualquier curso de la ESO.

Finalmente, en el capítulo 5 se presentan las conclusiones del estudio realizado, justificando el cumplimiento de la hipótesis y de los objetivos planteados.

Capítulo 2
Estado del arte

Contenido

2.1 Las TIC en el área de Tecnología: Evolución en el marco de las distintas Leyes Educativas.

2.2 Metodología del área de Tecnología.

2 ESTADO DEL ARTE

En este capítulo se describe, en primer lugar, la particular trayectoria de las TIC como contenidos curriculares del área de Tecnología desde los orígenes de ésta como área curricular de la Educación Secundaria.

Seguidamente, se analizan las orientaciones metodológicas que se proponen en la legislación educativa para desarrollar el método de proyectos en el área de Tecnología.

Previamente al desarrollo de los apartados de este capítulo, vamos a definir una serie de conceptos clave que consideramos de interés para nuestra investigación ya que, cuando se habla del uso educativo de las TIC, con frecuencia encontramos términos como recursos, herramientas, contenidos, actividades o materiales utilizados de forma algo difusa. Que en Internet disponemos de "multitud de recursos didácticos" es una de las frases más repetidas. Pero, ¿Qué tipos de recursos existen a nuestra disposición? ¿Qué entendemos por recurso educativo digital?

Podemos definir los **Recursos Educativos** como todos aquellos medios físicos (proyector, libro, mapa, póster, reproductor de vídeo, etc.) o conceptuales (explicación, ejemplo, simulación, etc.) que sean utilizado como apoyo en la enseñanza con el fin de facilitar o estimular el aprendizaje.

Cuando hablamos de **Recursos Educativos Digitales** (también denominados Recursos Educativos Web) nos referimos a esos mismos recursos, pero en formato digital; que se pueden compartir a través de Internet o de medios magnéticos. Según la clasificación de la UNESCO (EDUTEKA, 2007), estos recursos educativos pueden ser de tres tipos:

- *Contenidos educativos: cursos completos (programas educativos), materiales para cursos, módulos de contenido, objetos de aprendizaje, libros de texto digitales, materiales multimedia (texto, sonido, vídeo, imágenes, animaciones), exámenes, compilaciones, publicaciones periódicas (diarios y revistas), diccionarios, enciclopedias, mapas, proyectos de clase, WebQuests, sitios Web diversos (museos, organizaciones ambientales, etc.).*
- *Herramientas o aplicaciones: Software para apoyar la creación, entrega (publicación, acceso), uso y mejoramiento de contenidos educativos abiertos. Esto incluye herramientas y sistemas para: crear contenido, registrar y organizar contenido; gestionar el aprendizaje (LMS); y desarrollar comunidades de aprendizaje en línea.*
- *Recursos de implementación: Licencias de propiedad intelectual que promuevan la publicación abierta de materiales; principios de diseño; adaptación y localización de contenido; y materiales o técnicas para apoyar el acceso al conocimiento.*

En adelante emplearemos la denominación genérica **"herramientas TIC"** para referirnos a las herramientas y las aplicaciones digitales (software).

Un tipo de herramientas TIC a destacar lo constituyen las denominadas **herramientas de la Web 2.0.** Este tipo de herramientas se caracteriza por ser aplicaciones web (que no requieren la instalación de programas por parte del usuario), fáciles de utilizar, que facilitan el compartir información, la interoperabilidad, el diseño centrado en el usuario y la colaboración en la World Wide Web.

Como ya se ha mencionado anteriormente, los principales usos de las herramientas TIC en el proceso de enseñanza-aprendizaje se pueden analizar desde dos puntos de vista: desde el punto de vista del **profesorado** y desde el del **alumnado**. En el presente trabajo **nos interesamos por el estudio de las herramientas TIC desde el punto de vista del alumnado** y nos centramos más en el análisis de las herramientas y las aplicaciones que el alumnado puede utilizar de forma activa para construir su propio aprendizaje, que en los contenidos educativos existentes en la red (unidades didácticas, actividades, etc.).

En el trabajo a desarrollar en mi futura tesis doctoral, se completará este trabajo analizando las herramientas TIC que puede utilizar el **profesorado** para diseñar situaciones de enseñanza-aprendizaje (planificar, crear actividades y materiales educativos, realizar exposiciones en clase, evaluar, etc.).

Por último, queremos matizar que otros conceptos relativos a los distintos tipos de herramientas que consideramos en este estudio, se aclararán en el capítulo 3, junto a la explicación de la aplicabilidad de dichas herramientas al proceso de enseñanza-aprendizaje de la Tecnología en la ESO.

2.1 Las TIC en el área de Tecnología: Evolución en el marco de las distintas Leyes Educativas

En este apartado se expone la particular trayectoria que, en nuestro país, ha seguido el desarrollo de la Tecnología como área curricular y el papel que las distintas leyes educativas han ido otorgando a las TIC en el currículo del área. Para ello, se muestran los inicios del área en la ESO que se sitúan en la promulgación de la Ley de Ordenación General del Sistema Educativo (LOGSE) en 1990 y el tratamiento que se da a esta materia y a las TIC en las leyes y sus desarrollos normativos posteriores (Tabla 1).

Tabla 1. Leyes que han regulado la Tecnología en el sistema educativo español

1990	•LEY ORGÁNICA 1/1990, de 3 de octubre, de Ordenación General del Sistema Educativo (LOGSE). (BOE 04/10/1990)
1991	•Real Decreto 1007/1991, de 4 de junio, por el que se establecen la enseñanzas mínimas correspondientes a la Educación Secundaria Obligatoria. (BOE 26/06/1991)
2000	•Real Decreto 3473/2000, de 29 de diciembre, por el que se modifica el Real Decreto 1007/1991, de 14 de junio, por el que se establecen las enseñanzas mínimas correspondientes a la Educación Secundaria Obligatoria. (BOE 16/01/2001)
2002	•LEY ORGÁNICA 10/2002, de 23 de diciembre, de Calidad de la Educación (LOCE). (BOE 24/12/2002)
2006	•LEY ORGÁNICA 2/2006, de 3 de mayo, de Educación (LOE). (BOE 04/05/2006) •Real Decreto 1631/2006, de 29 de diciembre, por el que se establecen las enseñanzas mínimas correspondientes a la Educación Secundaria Obligatoria. (BOE 05/01/2007)
2007	•Decreto 112/2007, de 20 de julio, del Consell, por el que se establece el currículo de la Educación Secundaria Obligatoria en la Comunitat Valenciana. (DOCV 24/07/2007)

2.1.1 La LOGSE (1990)

Con la **Ley orgánica 1/1990 de Ordenación General del Sistema Educativo (LOGSE)**, promulgada el 3 de octubre de 1990, se configura una nueva etapa educativa respecto al sistema anterior, la etapa de **Educación Secundaria Obligatoria** (ESO) que completa la enseñanza básica y abarca cuatro cursos académicos, entre los doce y dieciséis años de edad.

Otra novedad de la LOGSE, a destacar por su interés para el presente trabajo, es la **introducción por primera vez de la Tecnología como área curricular** dentro de la nueva etapa de Educación Secundaria Obligatoria. Los motivos fundamentales que justifican la aparición de la educación tecnológica en la enseñanza derivan de las distintas iniciativas promovidas desde el Ministerio de Educación y Ciencia, para incluir una materia que abordara, al igual que en otros países europeos, los conocimientos tecnológicos en las escuelas, a pesar de la frustrante experiencia de los años setenta y principios de los ochenta. Algunas de estas iniciativas fueron las siguientes:

- El Simposio sobre "La integración de la Educación Tecnológica en la enseñanza obligatoria: Por una formación polivalente" (MEC, 1986) celebrado durante 1984 donde se expresa la intención de incluir contenidos de carácter tecnológico en la primera etapa de la ESO.
- El "Libro Blanco para la Reforma del Sistema Educativo" (MEC, 1988) donde se habla ya de la tecnología como área de la citada etapa educativa.
- El "Diseño Curricular Base" (MEC, 1989) donde se define con mayor profundidad el área al justificar su necesidad de implantación y una formulación más detallada de los objetivos y contenidos que le corresponde atender. Carrera (2002) destaca algunos de los motivos que justifican la presencia del área en la educación obligatoria con objeto de facilitar la comprensión acerca del porqué de esta innovación curricular:
  1. El valor educativo general que comporta la formación tecnológica y que se traduce en una apertura de horizontes, incremento de la autonomía personal y corrección de las desigualdades entre sexos.
  2. La incidencia del quehacer tecnológico en la transformación del propio medio.
  3. La situación en que se encuentra la sociedad actual de inmersión en un entorno tecnológico que le impone constantes innovaciones y cambios que afectan a todos sus ámbitos.
  4. La necesidad de dar respuesta a dicha situación desde el propio sistema educativo, proporcionando las claves necesarias para comprender la tecnología.

2.1.1.1 La Tecnología y las TIC en la LOGSE

Entre la legislación que posteriormente desarrolla la ley, se cita, por su interés para el presente estudio, el **Real Decreto 1007/1991** por el que se establecen las enseñanzas mínimas[1] correspondientes a la Educación Secundaria Obligatoria para todo el estado español. En el caso de Tecnología, se establece que el área será obligatoria en 1º, 2º y 3º y optativa en 4º de la ESO. En el Anexo I del citado Real Decreto, se especifican los aspectos básicos del currículo de cada área (objetivos generales del área, contenidos y criterios de evaluación). Hay que destacar, que por el momento, al igual que en el resto de áreas de la etapa, **no se hace ninguna referencia concreta en el currículo del Tecnología al uso de las Tecnologías de la Información y de la Comunicación** lo cual es normal, teniendo en cuenta que el primer cliente

---

[1] Las enseñanzas mínimas son los aspectos básicos del currículo (objetivos, competencias básicas, contenidos y criterios de evaluación) establecidos por el Gobierno para cada una de las etapas de la educación obligatoria, con la finalidad de asegurar una formación común a todos los alumnos y alumnas dentro del sistema educativo español y garantizar la validez de los títulos correspondientes.

y servidor web data de 1990. Los bloques de contenidos que se tratan en los tres primeros cursos de la ESO en el área de Tecnología son los siguientes:

1. Proceso de resolución técnica de problemas.
2. Exploración y comunicación de ideas.
3. Planificación y realización.
4. Técnicas de organización y gestión.
5. Recursos científicos y técnicos.
6. Tecnología y sociedad.

El cuarto curso, en el que este área es optativa, se organizará en torno a la resolución técnica de problemas prácticos e incluirá enseñanzas de profundización en los siguientes contenidos:

1. Sistematización en el análisis, diseño y construcción de objetos e instalaciones.
2. Medida y cálculo de magnitudes.
3. Principios de organización y gestión.
4. Aspectos económicos y sociales de las decisiones técnicas.

Sin embargo, la presión de determinados sectores del profesorado muy consolidados en el Sistema Educativo provocó un importante desequilibrio en la distribución horaria entre los ámbitos socio-lingüístico y científico tecnológico, en perjuicio de este último, que se mantendrá hasta el momento actual (PEAPT, 2005a).

2.1.1.2 La reforma de la LOGSE

Durante los años de implantación progresiva de la ESO, se puso en evidencia la necesidad de proceder a una reforma en la Enseñanza Secundaria con un nuevo diseño de enseñanzas mínimas. Esto se pone de manifiesto en el **Real Decreto 3473/2000**, de 29 de diciembre, por el que se modifica el Real Decreto 1007/1991, por el que se establecen las enseñanzas mínimas correspondientes a la ESO.

Nos detenemos en este Real Decreto, por su interés para la presente investigación, ya que en este nuevo diseño curricular **se introduce la utilización de medios y herramientas informáticas** (Internet, bases de datos, CD-ROM, procesadores de textos, etc.) **en el currículo de todas las áreas y materias,** con la finalidad de convertir estas herramientas en un instrumento de uso habitual, y poder así formar usuarios y usuarias de estas aplicaciones.

Al mismo tiempo, tal y como señala la PEAPT (2005b), en diversas comunidades autónomas y en múltiples centros de educación primaria y secundaria, mediante iniciativas públicas o privadas, institucionales o personales, se fueron desarrollando múltiples proyectos de integración de las herramientas informáticas en todas las áreas y materias y en todos los niveles educativos mediante la creación de proyectos integradores en los centros, elaboración de materiales en formato digital, dotación de ordenadores, conexión a Internet desde todas las aulas, etc.

En el caso concreto del **área de Tecnología, con el Real Decreto 3473/2000 se produjo un cambio significativo al incorporar las TIC en el currículo del área**, adaptando los contenidos a la evolución tecnológica producida a lo largo de la década. Se amplían los contenidos relacionados con las tecnologías de la información y de la comunicación, electricidad y electrónica, control y robótica, constituyendo estos contenidos en torno al 50% del currículo. De esta forma, en el área de Tecnología se estudian las TIC de forma globalizada, en relación con otros bloques de contenidos, como los sistemas de comunicación, la electrónica, o el control y la robótica, y al mismo tiempo, se utilizan múltiples y diversas aplicaciones informáticas como herramienta en todas las actividades realizadas en el aula y en todos los bloques de contenidos del área. Según podemos leer en el **Real Decreto 3473/2000**:

Resulta indudable la aceleración que se ha producido en el desarrollo tecnológico durante el siglo XX. Este proceso condiciona la necesidad formativa en este campo, para poner en manos del ciudadano los recursos necesarios para ser agente activo en este proceso, ya sea como consumidor de los recursos que la tecnología pone en sus manos o como agente productor de innovaciones. Así lo ha entendido en los últimos decenios un número creciente de países al incorporar estos conocimientos al currículo de la enseñanza obligatoria. En este sentido, se incorporan contenidos relativos a las Nuevas Tecnologías, dada la presencia cada vez mayor de las mismas en la sociedad, a través de los temas siguientes: Tecnologías de la Información, Tecnologías de la Comunicación, Control y Robótica y Electricidad y Electrónica, constituyendo éstos aproximadamente la mitad del currículo total del área. [...]

El área de Tecnología pretende también que los alumnos utilicen las nuevas Tecnologías de la Información como herramienta para explorar, analizar, intercambiar y presentar la información.

De hecho, cinco de los once **objetivos generales del área de Tecnología** propuestos en el citado Real Decreto, están relacionados con las Nuevas Tecnologías:

Objetivo 6. *Asumir de forma activa el avance y la aparición de nuevas tecnologías, incorporándolas a su quehacer cotidiano.*

Objetivo 7. *Utilizar Internet para localizar información en diversos soportes contenida en diferentes fuentes (páginas web, imágenes, sonidos, programas de libre uso).*

Objetivo 8. *Organizar y elaborar la información recogida en las diversas búsquedas y presentarla correctamente.*

Objetivo 9. *Intercambiar y comunicar ideas utilizando las posibilidades de Internet (e-mail, chat, videoconferencias, etcétera).*

Objetivo 11. *Analizar y valorar críticamente la influencia del uso de las nuevas tecnologías sobre la sociedad y el medio ambiente.*

Centrándonos en los **contenidos** de cada curso, relacionados con las TIC, tenemos:

Primer curso:

5. ***Tecnologías de la información.*** *El ordenador, sus elementos, funcionamiento y manejo básico. Búsqueda de información: enciclopedias virtuales y otros soportes. Procesadores de texto. Edición de archivos. Tablas y gráficos en un texto. Introducción a otras aplicaciones ofimáticas.*

6. ***Internet y comunidades virtuales.*** *Búsqueda de información a través de la red Internet.*

Segundo curso:

6. ***Tecnologías de la información.*** *Componentes del ordenador: elementos de entrada, salida y proceso. Periféricos habituales. Herramientas básicas para el dibujo vectorial y el grafismo artístico. Iniciación a la hoja de cálculo. Fórmulas. Elaboración de gráficas.*

7. ***Internet y comunidades virtuales.*** *El ordenador como medio de comunicación: Internet. Páginas web. Correo electrónico.*

Tercer curso:

4. ***Tecnologías de la información.*** *Arquitectura y funcionamiento del ordenador. Sistema operativo. Lenguajes de programación y desarrollo de aplicaciones.*

Organización de la Información: gestor de bases de datos. Búsqueda de información, creación y actualización de una base de datos.

*5. **Tecnologías de la comunicación**. Comunicación alámbrica e inalámbrica: telefonía, radio y televisión. El espacio radioeléctrico.*

*6. **Internet y comunidades virtuales**. El ordenador como medio de comunicación. Chats y videoconferencias. Internet. Elaboración de páginas web. Correo electrónico.*

Cuarto curso:

*1. **Técnicas de expresión y comunicación gráfica**. Introducción al dibujo asistido por ordenador: dibujo en dos dimensiones.*

*3. **Tecnologías de la información**. El ordenador como dispositivo de control: señales analógicas y digitales. Adquisición de datos. Programas de control. Tratamiento de la información numérica a través de hojas de cálculo. Comunicación entre ordenadores: redes informáticas.*

*4. **Tecnologías de la comunicación**. Comunicación inalámbrica: grandes redes de comunicación. Comunicación vía satélite, telefonía móvil. Descripción y principios técnicos.*

*5. **Internet y comunidades virtuales**. Internet. Descripción. Principios técnicos de su funcionamiento. Comunidades y aulas virtuales.*

*6. **Control y robótica**. Percepción del entorno: sensores empleados habitualmente. Lenguajes de control de robots: programación. Realimentación del sistema.*

En cuanto a los **criterios de evaluación,** relacionados con las TIC tenemos:

Primer ciclo (1º y 2º curso):

8. Identificar los componentes fundamentales del ordenador y sus periféricos, explicando su misión en el conjunto.

9. Emplear el ordenador como herramienta de trabajo, con el objeto de procesar textos, localizar y manejar información de diversos soportes.

10. Realizar dibujos geométricos y artísticos utilizando algún programa de diseño gráfico sencillo.

11. Emplear hojas de cálculo introduciendo fórmulas y elaborando gráficas.

Tercer curso:

4. Identificar los elementos que constituyen la arquitectura física del ordenador y los procesos lógicos que explican su funcionamiento.

5. Emplear el ordenador como instrumento para buscar información en Internet y comunicarse por medio de correo electrónico, chat y videoconferencia.

6. Localizar información utilizando un gestor de bases de datos. Crear una base de datos, actualizar y modificar una base de datos ya creada.

7. Describir esquemáticamente los sistemas de telefonía alámbrica, radio y televisión, y los principios básicos de su funcionamiento.

Cuarto curso:

1. Emplear el ordenador como sistema de diseño asistido, para representar gráficamente un objeto sencillo.

4. Manejar la hoja de cálculo para el tratamiento de la información numérica y analizar pautas de comportamiento.

5. Describir básicamente una red de ordenadores de área local y la red Internet y utilizarlas con soltura.

6. Describir un sistema de comunicaciones vía satélite y otro de telefonía móvil, describiendo los principios de funcionamiento.

8. Desarrollar un programa que permita controlar un robot y su funcionamiento de forma autónoma en función de la realimentación que reciba.

9. Utilizar el ordenador como herramienta de adquisición e interpretación de datos, y como realimentación de otros procesos con los datos obtenidos.

2.1.2 La LOCE (2002)

Con la **Ley Orgánica 10/2002, de 23 de diciembre, de Calidad de la Educación (LOCE)**, la Educación Tecnológica sufre un retroceso muy significativo. Contrasta este hecho con las manifestaciones reiteradas por la Administración Educativa sobre la necesidad de potenciar la educación tecnológica y el empeño por adaptar nuestro Sistema Educativo a los retos de la sociedad del siglo XXI. Aunque no hacemos mucho hincapié en esta ley, debido a que apenas se instauró, a continuación se detalla el motivo de la contradicción de la Ley respecto a la Educación Tecnológica.

En el preámbulo de la citada Ley se menciona la necesidad de:

- *Mejorar el nivel medio de los conocimientos del alumnado a la vista de los resultados de las evaluaciones internacionales como el informe PISA (2003) que ponen en evidencia los malos resultados de nuestro alumnado en el conocimiento de materias instrumentales como las matemáticas y las ciencias,*
- *Mejorar la adquisición de destrezas que resultan irrenunciables para la plena integración de España en el contexto europeo, como la capacidad de comunicarse, la de trabajar en equipo, la de identificar y resolver problemas, o la de aprovechar las nuevas tecnologías para todo ello.*

Además, se establece como un objetivo para la etapa Secundaria contribuir al desarrollo en los alumnos de las siguientes capacidades:

h) Adquirir una preparación básica en el campo de las tecnologías fundamentalmente, mediante la adquisición de las destrezas relacionadas con las tecnologías de la información y de las comunicaciones, a fin de usarlas, en el proceso de aprendizaje, para encontrar, analizar, intercambiar y presentar la información y el conocimiento adquiridos.

Sin embargo, en la distribución horaria que se plantea en el desarrollo de dicha ley, las áreas científico-tecnológicas apenas alcanzan el 40% respecto a las enseñanzas sociolingüísticas:

- El Área de Tecnología sólo queda como obligatoria en el Primer Ciclo (1º y 2º de la ESO).
- En 3º de ESO desaparece como área común y es sustituida por la materia de Cultura Clásica.
- Se crean tres itinerarios de configuración forzosa en la ESO. Para la PEAPT (2005a) *"uno de ellos, el "tecnológico" responde a una clara orientación de segregación social dentro de la enseñanza obligatoria y gratuita, dirigiéndose de forma irreversible hacia estudios de Formación Profesional y Ocupacional de bajo nivel de cualificación. De esta*

forma, se rompe la continuidad y se desvincula totalmente la educación tecnológica de los estudios científico-tecnológicos de nivel superior".

Finalmente, tanto la creación de los itinerarios como la distribución propuesta del horario escolar no llegaron a aplicarse al paralizarse el desarrollo de la LOCE. Al no implantarse esta ley, se mantuvieron vigentes los currículos existentes de todas las materias.

2.1.3 La LOE (2006)

Con la **Ley Orgánica 2/2006, de 3 de mayo, de Educación (LOE),** ley en vigor del sistema educativo español, el área de Tecnología **deja de ser un área obligatoria y troncal en los tres primeros cursos** tal y como lo establecía la LOGSE. Ahora, la materia es obligatoria para todo el alumnado durante al menos dos cursos, a determinar por cada comunidad autónoma entre los tres primeros cursos de la ESO para hacerle hueco a la nueva materia de la educación para la ciudadanía y los derechos humanos, siguiendo como materia optativa en 4º de ESO.

Con la LOE, la materia de Tecnología en 1º ó 2º (dependiendo de las comunidades autónomas) y en 3º de ESO, pasa a denominarse **Tecnologías**. Para la optativa de 4º se mantiene el nombre de **Tecnología**.

La eliminación de la materia en un curso del primer ciclo de la ESO, supone la redistribución de los contenidos que se impartían en dicho curso entre los otros dos, sin que paralelamente se aumente la carga lectiva en estos cursos, produciéndose por tanto una saturación significativa en cuanto a contenidos a impartir en ellos.

Entre la legislación que posteriormente desarrolla a la LOE, se cita, por su interés para el presente estudio, el **Real Decreto 1631/2006** por el que se establecen las **enseñanzas mínimas** correspondientes a la Educación Secundaria Obligatoria para el estado español. Antes de describir el tratamiento que se da a las TIC en el área de Tecnología en este nuevo diseño curricular describiremos uno de los aspectos básicos a destacar del nuevo currículo establecido, como es la introducción de las **competencias básicas,** que el alumnado deberá haber adquirido al final de la ESO, entre los componentes del currículo (junto con los objetivos, contenidos y criterios de evaluación).

2.1.3.1 Las competencias básicas

Las competencias básicas se definen, desde el proceso de enseñanza, como aquellos conocimientos, destrezas y actitudes necesarios para que una persona alcance su desarrollo personal, escolar y social. Son aquellas competencias que debe haber desarrollado un joven o una joven al finalizar la enseñanza obligatoria para poder lograr su realización personal, ejercer la ciudadanía activa, incorporarse a la vida adulta de manera satisfactoria y ser capaz de desarrollar un aprendizaje permanente a lo largo de la vida. La Unión Europea fija en ocho las competencias "clave" a incluir en la Educación Obligatoria y el Ministerio de Educación y Ciencia así las recoge al término de la Educación Secundaria Obligatoria. Estas competencias son las siguientes:

1. Competencia en comunicación lingüística.
2. Competencia matemática.
3. Competencia en el conocimiento y la interacción con el mundo físico.
4. Tratamiento de la información y competencia digital.
5. Competencia social y ciudadana.
6. Competencia cultural y artística.
7. Competencia para aprender a aprender.
8. Autonomía e iniciativa personal.

En el ANEXO I del **Real Decreto 1631/2006** se recogen la descripción, finalidad y aspectos distintivos de estas competencias y se pone de manifiesto, en cada una de ellas, el nivel considerado básico que debe alcanzar todo el alumnado al finalizar la educación secundaria obligatoria.

En el ANEXO II del citado Real Decreto, también se incluyen referencias explícitas acerca de la contribución de cada materia a aquellas competencias básicas a las que se orienta en mayor medida. En cuanto al área de Tecnología, se indica que contribuye a que el alumnado adquiera todas las competencias básicas, excepto la competencia cultural y artística.

2.1.3.2 Contribución del área de Tecnología a la adquisición de las competencias básicas

Respecto a la contribución del área de Tecnología a la adquisición de las competencias básicas que se especifica en el ANEXO II del **Real Decreto 1631/2006**, si nos fijamos en la contribución del área a la adquisición de la competencia para el **Tratamiento de la información y competencia digital**, se señala que:

> *El tratamiento específico de las tecnologías de la información y la comunicación, integrado en esta materia, proporciona una oportunidad especial para desarrollar la competencia en el tratamiento de la información y la competencia digital, y a este desarrollo están dirigidos específicamente una parte de los contenidos. Se contribuirá al desarrollo de esta competencia en la medida en que los aprendizajes asociados incidan en la confianza en el uso de los ordenadores, en las destrezas básicas asociadas a un uso suficientemente autónomo de estas tecnologías y, en definitiva, contribuyan a familiarizarse suficientemente con ellos. En todo caso están asociados a su desarrollo los contenidos que permiten localizar, procesar, elaborar, almacenar y presentar información con el uso de la tecnología. Por otra parte, debe destacarse en relación con el desarrollo de esta competencia la importancia del uso de las tecnologías de la información y la comunicación como herramienta de simulación de procesos tecnológicos y para la adquisición de destrezas con lenguajes específicos como el icónico o el gráfico.*

En el ANEXO II del citado Real Decreto, se justifica también la incorporación de los contenidos relacionados con las TIC en el currículo de Tecnología:

> *La necesidad de dar coherencia y completar los aprendizajes asociados al uso de tecnologías de la información y la comunicación, aconseja un tratamiento integrado en esta materia de estas tecnologías, instrumento en este momento esencial en la formación de los ciudadanos. Se trata de lograr un uso competente de estas tecnologías, en la medida de lo posible dentro de un contexto y, por consiguiente, asociado a las tareas específicas para las que estas tecnologías son útiles. Y este objetivo, se logra a través de su presencia en el conjunto de las materias del currículo de la educación secundaria obligatoria. Pero este tratamiento requiere, además, ser completado con determinados aspectos específicos de las tecnologías de la información y la comunicación, que permiten integrar los aprendizajes obtenidos en cada materia, darles coherencia, mejorar la comprensión de los procesos y, en definitiva, garantizar su utilización de manera autónoma.*

> *Esta materia trata, pues, de fomentar los aprendizajes y desarrollar las capacidades que permitan tanto la comprensión de los objetos técnicos como su utilización y manipulación, incluyendo el manejo de las tecnologías de la información y la comunicación como herramientas en este proceso.*

2.1.3.3 La Tecnología y las TIC en la LOE

En el **Real Decreto 1631/2006** podemos encontrar múltiples referencias respecto a la utilización de las nuevas tecnologías en el área de Tecnología. Así por ejemplo, entre los **objetivos generales del área de Tecnología**, podemos leer los siguientes:

Objetivo 6. Comprender las funciones de los componentes físicos de un ordenador así como su funcionamiento y formas de conectarlos. Manejar con soltura aplicaciones informáticas que permitan buscar, almacenar, organizar, manipular, recuperar y presentar información, empleando de forma habitual las redes de comunicación.

Objetivo 7. Asumir de forma crítica y activa el avance y la aparición de nuevas tecnologías, incorporándolas al quehacer cotidiano.

Centrándonos en los **contenidos**, relacionados con las nuevas tecnologías tenemos:

Cursos primero a tercero[2] (**Tecnologías**):

Bloque 1. Proceso de resolución de problemas tecnológicos.

[...]. Utilización de las tecnologías de la información y la comunicación para la confección, desarrollo, publicación y difusión del proyecto.

Bloque 2. Hardware y sistemas operativos.

Análisis de los elementos de un ordenador y otros dispositivos electrónicos. Funcionamiento, manejo básico y conexionado de los mismos.

Empleo del sistema operativo como interfaz hombre máquina. Almacenamiento, organización y recuperación de la información en soportes físicos, locales y extraíbles. Instalación de programas y realización de tareas básicas de mantenimiento del sistema. Acceso a recursos compartidos en redes locales y puesta a disposición de los mismos.

Instalación de programas y realización de tareas básicas de mantenimiento del sistema. Acceso a recursos compartidos en redes locales y puesta a disposición de los mismos.

Bloque 4. Técnicas de expresión y comunicación.

Uso de instrumentos de dibujo y aplicaciones de diseño gráfico por ordenador, para la realización de bocetos y croquis, empleando escalas, acotación y sistemas de representación normalizados.

Conocimiento y aplicación de la terminología y procedimientos básicos de los procesadores de texto, hojas de cálculo y las herramientas de presentaciones. Edición y mejora de documentos.

Bloque 6. Mecanismos.

[...]. Uso de simuladores para recrear la función de estos operadores en el diseño de prototipos. [...]

Bloque 7. Electricidad.

---

[2] Se especifican los contenidos de forma global (entre primero y tercero) y no por curso, porque se deja a elección de las comunidades autónomas con competencias atribuidas en materia de Educación (todas menos Ceuta y Melilla), la posibilidad de ofertar la asignatura en uno, en dos o en los tres primeros cursos de la ESO de forma obligatoria.

[...]. Empleo de simuladores para la comprobación del funcionamiento de diferentes circuitos eléctricos. [...]

Bloque 8. Tecnologías de la comunicación. Internet. *Internet: conceptos, terminología, estructura y funcionamiento. Herramientas y aplicaciones básicas para la búsqueda, descarga, intercambio y publicación de la información. Actitud crítica y responsable hacia la propiedad y la distribución del «software» y de la información: tipos de licencias de uso y distribución.*

Cuarto curso (**Tecnología**):

Bloque 2. Electrónica.

Uso de simuladores para analizar el comportamiento de los circuitos electrónicos.

Bloque 3. Tecnologías de la comunicación.

Descripción de los sistemas de comunicación alámbrica e inalámbrica y sus principios técnicos, para transmitir sonido, imagen y datos.

Utilización de tecnologías de la comunicación de uso cotidiano.

Bloque 4. Control y robótica.

[...]. Uso del ordenador como elemento de programación y control. Trabajo con simuladores informáticos para verificar y comprobar el funcionamiento de los sistemas diseñados.

Bloque 5. Neumática e hidráulica.

[...]. Diseño mediante simuladores de circuitos básicos empleando simbología especifica. [...]

En cuanto a los **criterios de evaluación**, relacionados con las nuevas tecnologías tenemos:

Cursos primero a tercero (**Tecnologías**):

3. Identificar y conectar componentes físicos de un ordenador y otros dispositivos electrónicos. Manejar el entorno gráfico de los sistemas operativos como interfaz de comunicación con la máquina.

Se busca valorar la adquisición de las habilidades necesarias para administrar un sistema informático personal. Los alumnos han de ser capaces de conectar dispositivos externos e interconectarlos con otros sistemas, personalizar los entornos gráficos, gestionar los diferentes tipos de documentos almacenando y recuperando la información en diferentes soportes. Deberán, asimismo, realizar las tareas básicas de instalación de aplicaciones, mantenimiento y actualización que mantengan el sistema en un nivel de seguridad y rendimiento.

5. Representar mediante vistas y perspectivas objetos y sistemas técnicos sencillos, aplicando criterios de normalización.

Se trata de valorar la capacidad de los alumnos para representar objetos y sistemas técnicos en proyección diédrica: alzado, planta y perfil, así como, la obtención de su perspectiva caballera, como herramienta en el desarrollo de proyectos técnicos. Se pretende evaluar la adquisición de destrezas para su realización tanto a mano alzada, como mediante instrumentos de dibujo y aplicaciones de diseño gráfico por ordenador.

6. Elaborar, almacenar y recuperar documentos en soporte electrónico que incorporen información textual y gráfica.

Se pretende evaluar las habilidades básicas para la realización de documentos que integren información textual, imágenes y gráficos utilizando hojas de cálculo y procesadores de texto. Para lograrlo se han de aplicar los procedimientos y funcionalidades propias de cada aplicación para obtener documentos progresivamente más complejos y de mayor perfección en cuanto a estructuración y presentación, almacenándolos en soportes físicos locales o remotos.

9. Diseñar y simular circuitos con simbología adecuada y montar circuitos formados por operadores elementales.

10. Acceder a Internet para la utilización de servicios básicos: navegación para la localización de información, correo electrónico, comunicación intergrupal y publicación de información.

Se persigue valorar el conocimiento de los conceptos y terminología referidos a la navegación por Internet y la utilización eficiente de los buscadores para afianzar técnicas que les permitan la identificación de objetivos de búsqueda, la localización de información relevante, su almacenamiento, la creación de colecciones de referencias de interés y la utilización de gestores de correo electrónico y herramientas diseñadas para la comunicación grupal.

Cuarto curso (**Tecnología**):

4. Analizar y describir los elementos y sistemas de comunicación alámbrica e inalámbrica y los principios básicos que rigen su funcionamiento.

Se pretende valorar la comprensión del principio de funcionamiento de los sistemas de comunicación mediante la puesta en práctica de distintos dispositivos.

6. Desarrollar un programa para controlar un sistema automático o un robot y su funcionamiento de forma autónoma en función de la realimentación que reciba del entorno.

Se trata de valorar si se es capaz de desarrollar, mediante lenguajes de programación simples, un programa que ejecute las instrucciones en un dispositivo técnico de fabricación propia o comercial.

2.1.3.4 Análisis de los contenidos en las diferentes comunidades autónomas

Las comunidades autónomas y el Ministerio de Educación, en su ámbito de gestión (Ceuta y Melilla), tienen la función de completar las enseñanzas mínimas recogidas en el Real Decreto 1631/2006.

Utiel (2010), realiza un análisis comparativo de los contenidos en las distintas comunidades autónomas, encontrando que todas mantienen la materia de Tecnología como optativa en el cuarto curso, con una asignación de tres horas semanales. Observan diferencias en los siguientes aspectos:

- *Los cursos en los que sitúan la materia de Tecnologías (de primero a tercero de ESO).*
- *El número de horas semanales que le asignan a Tecnologías en cada curso.*
- *El modo en que completan las enseñanzas mínimas.*
- *La forma de presentar los contenidos: algunas comunidades presentan los contenidos separados por cursos y otras los organizan de forma global para los cursos de primero a tercero, por lo que la secuenciación de contenidos por curso le corresponde al profesorado.*

Toda esta información puede verse, de forma resumida, en la Tabla 2 y la Tabla 3.

Tabla 2. Tratamiento de los elementos curriculares de Tecnologías en cada comunidad autónoma (Utiel, 2010)

ELEMENTOS CURRICULARES		COMUNIDADES AUTÓNOMAS
Cursos en los que sitúan Tecnologías (asignatura obligatoria)	1º y 2º	Navarra
	1º y 3º	Castilla-La Mancha, Castilla y León, Madrid, Murcia, La Rioja, Comunidad Valenciana
	2º y 3º	Andalucía, Aragón, Asturias, Baleares, Cantabria, Extremadura, Galicia, territorio MEC (Ceuta y Melilla)
	1º, 2º y 3º	Canarias, Cataluña y País Vasco
Tratamiento de contenidos respecto a las enseñanzas mínimas	Ampliación similar al Ministerio de Educación	Asturias, Canarias, Cataluña (no presenta los contenidos agrupados en bloques), Extremadura, La Rioja, País Vasco
	Amplían contenidos, en cantidad y especificación, respecto al Ministerio de Educación	Aragón, Baleares, Castilla y León, Galicia (en el bloque Técnicas de expresión y comunicación incluye técnicas cinematográficas), Madrid, Murcia, Navarra, Comunidad Valenciana
	No amplían las enseñanzas mínimas	Andalucía, Cantabria, Castilla-La Mancha (agrupa todos los contenidos en dos bloques: resolución de problemas tecnológicos y contenidos del proyecto)
Presentan contenidos separados por cursos	Sí	Asturias, Baleares, Cantabria, Castilla-La Mancha, Castilla y León, Cataluña, Comunidad Valenciana, Extremadura, Madrid, Murcia, La Rioja y territorio MEC (Ceuta y Melilla)
	No	Andalucía, Aragón, Canarias, Galicia, Navarra, País Vasco

Tabla 3. Número de horas semanales asignadas a la materia Tecnologías en cada comunidad autónoma (Utiel, 2010)

	CURSOS			COMUNIDADES AUTÓNOMAS
	1º	2º	3º	
NÚMERO DE HORAS		3	3	Andalucía, Aragón, baleares, Cantabria
		3	2	Asturias, Extremadura, Galicia
	2	2	2	Canarias (en 3er curso deben elegir entre Música y Tecnologías), Cataluña
	3		3	Castilla-La Mancha, Madrid, Murcia
	3		2	Castilla y León, La Rioja
	2	2 ó 3*		Navarra (*según el modelo lingüístico elegido por el alumnado)
	2	1	2	País Vasco
	2		3	Comunidad Valenciana

2.1.4 Decreto 112/2007 de la Comunidad Valenciana

Como se ha ido viendo en los apartados anteriores, el Ministerio de Educación establece, mediante Reales Decretos los contenidos mínimos comunes para el estado español para las distintas áreas que cada etapa educativa. Como complemento a estos Reales Decretos, cada comunidad autónoma elabora y publica un decreto con el currículo que debe aplicarse en su demarcación territorial. Puesto que vamos a contextualizar nuestro trabajo en el ámbito de la Comunidad Valenciana, en este apartado se va a analizar el tratamiento que se realiza de las TIC en el área de Tecnología en esta comunidad. Para ello, nos basaremos en el **Decreto 112/2007**, de 20 de julio, del Consell, por el que se establece el currículo de la Educación Secundaria Obligatoria en la Comunitat Valenciana.

Lamentablemente, el **Decreto 112/2007** en la Comunidad Valenciana elimina la materia de Tecnología de 2º de ESO, mientras que en otras comunidades autónomas más sensibilizadas por la educación tecnológica como son el País Vasco y Cataluña, se seguirá cursando de forma obligatoria en los tres primeros cursos de la ESO.

A este respecto, la Plataforma Estatal de Asociaciones del Profesorado de Tecnología considera que el hecho de que el alumnado curse Tecnología en primero y tercero de ESO en algunas comunidades autónomas pero no lo haga en segundo rompe la necesaria continuidad de la materia (PEAPT, 2005b).

Finalmente, con la regulación de las materias optativas en la ESO en la mayoría de comunidades autónomas, se crea una materia optativa (que por tanto, no será cursada por todo el alumnado) denominada **Taller de Tecnologías** en el curso en el que se ha suprimido la materia obligatoria de Tecnologías. Sin embargo, en la Comunidad Valenciana, la **Orden de 27 de mayo de 2008**, de la Consellería de Educación, por la que se regulan las materias optativas en la educación secundaria obligatoria, establece que esta materia ni siquiera será de oferta obligada en todos los centros docentes y que para ser cursada, se deberá contar con la autorización de la dirección del centro atendiendo a las especiales características del alumnado. Además, sólo podrá ser impartida si existe un número mínimo de 15 alumnos y alumnas matriculados y para impartirse con un número menor de alumnos o alumnas deberá contar con la autorización de la Dirección General competente en materia de ordenación y centros docentes.

En el **Decreto 112/2007** encontramos de nuevo múltiples referencias respecto a la utilización de las nuevas tecnologías en el área de Tecnología. Así por ejemplo, en el preámbulo a la definición del currículo de Tecnología en la Comunidad Valenciana, podemos leer que:

> *La materia de Tecnologías en la Educación Secundaria Obligatoria trata de fomentar el aprendizaje de conocimientos y el desarrollo de destrezas que permitan tanto la comprensión de los objetos técnicos como su utilización. Pretende, también, que el alumnado use las nuevas tecnologías de la información y la comunicación como herramientas en este proceso y no como fin en sí mismas.*

Y en cuanto a la contribución de la materia a la adquisición de las competencias básicas, fijándonos en su contribución al *tratamiento de la información y competencia digital*:

> *La materia contribuye específicamente en el tratamiento de la información y competencia digital mediante varios bloques específicos de contenidos. Es imprescindible su empleo no como fin en sí mismas, sino como herramienta del proceso de aprendizaje.*

Es decir, se insiste en ambos casos en la necesidad de que el alumnado utilice las TIC como herramientas en el proceso de aprendizaje del área de Tecnología.

En cuanto a los **objetivos generales del área de Tecnología**, relacionados con las TIC, se establecen los mismos que en el Real Decreto 1631/2006 por el que se establecen las enseñanzas mínimas correspondientes a la ESO (ver apartado 2.1.3.3).

Respecto a los **contenidos** de Tecnologías, en la Comunidad Valenciana se amplían respecto a las enseñanzas mínimas (en cantidad y especificación) y se desglosan en los dos cursos en los que esta materia es obligatoria. Relacionados con las TIC tenemos los siguientes:

Primer curso (**Tecnologías**):

> *Bloque 1. Proceso de resolución de problemas tecnológicos*

- *[...] Empleo de procesador de texto y herramientas de presentaciones para la elaboración y difusión del proyecto.*

Bloque 2. Hardware y software

- *Elementos que constituyen un ordenador. Unidad central y periféricos. Funcionamiento, manejo básico y conexión de los mismos.*

- *Sistema operativo. Almacenamiento, organización y recuperación de la información en soportes físicos, locales y extraíbles.*

- *Dispositivos que intercambian información con el ordenador: cámaras digitales, memorias externas, PDA y teléfonos móviles.*

- *El ordenador como herramienta de expresión y comunicación de ideas. Conocimiento y aplicación de terminología y procedimientos básicos de programas como procesadores de texto y herramientas de presentaciones.*

Bloque 3. Técnicas de expresión y comunicación

- *[...] Utilización del ordenador como herramienta de expresión gráfica.*

Bloque 6. Mecanismos

- *[...] Análisis del funcionamiento en máquinas simples y simuladores físicos e informáticos. [...]*

Bloque 7. Electricidad y electrónica

- *[...] Montaje de circuitos eléctricos sencillos. Utilización de esquemas, materiales y herramientas. Simuladores físicos e informáticos. [...]*

Bloque 8. Tecnologías de la comunicación. Internet

- *Internet: conceptos, terminología, estructura y funcionamiento.*

- *El ordenador como medio de comunicación: Internet y páginas web. Herramientas y aplicaciones básicas para la búsqueda, descarga, intercambio y difusión de la información. Correo electrónico, chats y otros.*

- *Búsqueda selectiva y crítica de información a través de Internet.*

Tercer curso (**Tecnologías**):

Bloque 1. Proceso de resolución de problemas tecnológicos

- *[...] Empleo de hoja de cálculo y herramientas gráficas para la elaboración, desarrollo y difusión del proyecto. [...]*

Bloque 2. Hardware y software

- *Instalación, desinstalación y actualización de programas. Realización de tareas básicas de mantenimiento del sistema. Gestión de recursos compartidos en redes locales.*

- *Herramientas básicas para el dibujo vectorial y el grafismo artístico.*

- *Conocimiento y aplicación de terminología y procedimientos básicos de hojas de cálculo. Fórmulas. Elaboración de gráficas.*

- *El ordenador como herramienta para la organización de la información: gestor de bases de datos. Búsqueda de información, creación y actualización de una base de datos.*

Bloque 3. Técnicas de expresión y comunicación

- [...] Aplicaciones de dibujo asistido por ordenador. [...]

Bloque 6. Tecnologías de la comunicación. Internet

- El ordenador como medio de comunicación intergrupal: comunidades y aulas virtuales. Internet: foros, blogs, wikis y elaboración de páginas web.

- Actitud crítica y responsable hacia la propiedad y la distribución del software y de la información: tipos de licencias de uso y distribución.

- Introducción a la comunicación alámbrica e inalámbrica. El espacio radioeléctrico. Satélites y sus aplicaciones civiles.

- Introducción a la telefonía, radio y televisión. Su uso responsable.

Bloque 8. Control y robótica

- [...] Control de un automatismo por ordenador. Tarjetas controladoras. Diagramas de flujo. Introducción a la programación.

Cuarto curso (**Tecnología**):

Bloque 1. Hardware y software

- El ordenador como dispositivo de control: señales analógicas y digitales. Lógica de funcionamiento interno. Transmisión de la información por medio de señal eléctrica. Adquisición de datos. Tratamiento de la información numérica adquirida mediante hoja de cálculo.

- Programas de control.

- Comunicación entre ordenadores: redes informáticas.

Bloque 2. Técnicas de expresión y comunicación

- Diseño asistido por ordenador: dibujo en dos dimensiones. Realización de dibujos sencillos.

Bloque 3. Electricidad y electrónica

- [...] Uso de simuladores para analizar el comportamiento de los circuitos electrónicos.

Bloque 4. Tecnologías de la comunicación. Internet

- Descripción de los sistemas de comunicación alámbrica e inalámbrica y sus principios técnicos, para transmitir sonido, imagen y datos. Ejemplos prácticos.

- Comunicación inalámbrica: señal moduladora y portadora.

- Comunicación vía satélite y telefonía móvil. Descripción y principios técnicos.

- Sistemas de posicionamiento global. Descripción y principios técnicos.

- Grandes redes de comunicación de datos. Perspectiva de desarrollo. Control y protección de datos.

- Internet: Principios técnicos de su funcionamiento (protocolos lógicos e infraestructura física). Conexiones a Internet. Tipos.

- Utilización racional de tecnologías de la comunicación de uso cotidiano.

Bloque 5. Control y robótica

- Uso del ordenador como elemento de programación y control. Lenguajes de control.

- Diseño y construcción de sistemas automáticos y desarrollo de programas para controlarlos.

- Trabajo con simuladores informáticos para comprobar el funcionamiento de los sistemas diseñados.

Bloque 6. Neumática e hidráulica

- [...] Diseño y simulación con programas informáticos de circuitos básicos, empleando simbología especifica. [...]

Bloque 8. Instalaciones en viviendas

- [...] Acometidas, componentes, normativa, simbología, análisis, diseño y montaje en equipo de modelos sencillos de estas instalaciones. Utilización de simuladores informáticos. [...]

Puede obtenerse una visión completa de los bloques de contenidos del área de Tecnología en la Comunidad Valenciana y su distribución en los distintos cursos, en la Tabla 4.

Tabla 4. Distribución de los contenidos del área de Tecnologías por cursos en la Comunidad Valenciana

	Tecnologías 1º ESO	Tecnologías 3º ESO	Tecnología 4º ESO (optativa)
1. Proceso de resolución de problemas tecnológicos	X	X	
2. Hardware y software	X	X	X
3. Técnicas de expresión y comunicación	X	X	X
4. Materiales de uso técnico	X	X	
5. Estructuras	X		
6. Mecanismos	X		
7. Electricidad y electrónica	X	X	X
8. Tecnologías de la comunicación e Internet	X	X	X
9. Energía y su transformación	X	X	
10. Control y robótica		X	X
11. Neumática e hidráulica			X
12. Tecnología y sociedad	X	X	X
13. Instalaciones en viviendas			X

En cuanto a los **criterios de evaluación**, relacionados con las nuevas tecnologías tenemos:

Primer curso (**Tecnologías**):

3. Identificar y conectar los componentes fundamentales del ordenador y sus periféricos, y explicar su misión en el conjunto.

4. Manejar el entorno gráfico de los sistemas operativos como interfaz de comunicación con la máquina.

5. Emplear el ordenador como herramienta de trabajo, con el objeto de comunicar, localizar y manejar información de diversas fuentes. Conocer y aplicar la terminología y procedimientos básicos de los procesadores de texto y herramientas de presentaciones.

16. *Emplear el ordenador como instrumento eficaz para localizar información en Internet.*

17. *Acceder a Internet como medio de comunicación, empleando el correo electrónico y el chat.*

21. *Utilizar adecuadamente programas de simulación por ordenador.*

Tercer curso (**Tecnologías**):

4. *Emplear el ordenador como herramienta para elaborar, desarrollar y difundir un proyecto técnico, a través de hojas de cálculo que incorporen fórmulas y gráficas.*

5. *Instalar, desinstalar y actualizar programas y realizar tareas básicas de mantenimiento informático. Utilizar y compartir recursos en redes locales.*

6. *Realizar dibujos geométricos y artísticos utilizando algún programa de dibujo gráfico sencillo.*

8. *Crear una base de datos sencilla; actualizar y modificar una base de datos ya creada. Localizar información utilizando un gestor de bases de datos.*

9. *Utilizar aplicaciones de diseño asistido por ordenador para la realización de croquis normalizados.*

12. *Diseñar, simular y realizar montajes de circuitos eléctricos sencillos, en corriente continua, empleando pilas, interruptores, resistencias, bombillas, motores, electroimanes y relés, como respuesta a un fin predeterminado.*

17. *Emplear Internet como medio activo de comunicación intergrupal y publicación de información.*

18. *Conocer y valorar los diferentes modelos de propiedad y distribución del software y de la información en general.*

19. *Describir esquemáticamente los sistemas de telefonía, radio, televisión y satélites civiles, sus principios básicos de funcionamiento y conocer los aspectos prácticos más importantes a nivel de usuario.*

26. *Realizar diagramas de flujo sencillos y conocer las órdenes más utilizadas en los programas de control.*

Cuarto curso (**Tecnología**):

1. *Manejar la hoja de cálculo para el tratamiento de la información numérica y analizar pautas de comportamiento.*

2. *Describir básicamente una red de ordenadores de área local y su conexión a Internet y realizar su configuración básica.*

3. *Utilizar el ordenador como herramienta de adquisición e interpretación de datos, y como realimentación de otros procesos con los datos obtenidos.*

4. *Emplear herramientas de diseño asistido por ordenador para elaborar vistas en dos dimensiones de objetos sencillos.*

6. *Diseñar, simular y montar circuitos electrónicos sencillos, utilizando la simbología adecuada.*

8. Analizar y describir los elementos y sistemas de comunicación alámbrica e inalámbrica, para la transmisión de imagen, sonido y datos, y los principios técnicos básicos que rigen su funcionamiento.

9. Describir las grandes redes de comunicación de datos, sus perspectivas y los principios del control y la protección de datos.

10. Conocer los principios básicos del funcionamiento de Internet. Configurar un ordenador para su acceso a Internet.

11. Hacer un uso adecuado y racional de las tecnologías de la comunicación.

13. Diseñar, construir y programar un sistema automático, que sea capaz de mantener su funcionamiento de forma autónoma, en función de la información que reciba del entorno mediante sensores.

14. Utilizar simuladores informáticos para verificar y comprobar el funcionamiento de los sistemas automáticos, robots y programas de control diseñados.

20. Realizar diseños sencillos de instalaciones básicas de una vivienda mediante la simbología adecuada; montar circuitos básicos y utilizar simuladores informáticos.

2.2 Metodología del área de Tecnología

La metodología integra todas aquellas decisiones orientadas a organizar el proceso de enseñanza y aprendizaje que se desarrolla en las aulas. La metodología es, por tanto, la hipótesis de partida para establecer las relaciones entre el profesorado, el alumnado y los contenidos de enseñanza.

No existe el método único y universal que pueda aplicarse con éxito a todas las situaciones sean cuales sean las intenciones educativas, los contenidos de enseñanzas, el alumnado y el propio profesorado. Por tanto, es responsabilidad de todo el profesorado definir la metodología más adecuada para conseguir los fines educativos.

Métodos didácticos que se pueden utilizar en el área de Tecnología

Cervera, D. (2010) realiza una síntesis de los métodos didácticos (que el autor denomina "modelos") a los que podemos recurrir en el área de Tecnología en la ESO:

- **Modelo académico expositivo:** se tiende a transmitir la materia como el guión de un locutor. El alumno simplemente atiende y sigue las instrucciones.
- **Modelo de resolución de problemas:** la enseñanza tiende a un planteamiento de racionalidad técnica. El alumno saca conclusiones del análisis de un enunciado y plantea alternativas y enfoques para conseguir un resultado. Gran parte del aprendizaje recae en el alumno.
- **Modelo de proyectos:** Consiste en planificar y desarrollar proyectos utilizando conocimientos y fuentes diversas con actitud de curiosidad e interés crítico. A partir del planteamiento del proyecto, se debate en grupos, se adoptan soluciones y compromisos de trabajo.
- **Modelo de aprendizaje por descubrimiento:** estimula al alumnado para obtener conclusiones de manera activa y participativa. Es una alternativa a métodos pasivos basados en la memoria y la rutina.
- **Modelo de aprendizaje incidental:** aquel que se produce de forma no deliberada y sin esfuerzo visible.
- **Modelo interdisciplinar:** consiste básicamente en trabajar conceptos y contenidos de materias relacionadas integrando el saber en una única unidad y no en conocimientos estancos de cada materia.

- **_Modelo de análisis de objetos:_** Partiendo de un objeto, se analizan distintos aspectos: morfología, estructura, funcionalidad, economía, ergonomía, etc.

Para cada uno de estos modelos didácticos, Cervera proporciona orientaciones para su puesta en práctica en función del espacio en el que se desarrolle el proceso de aprendizaje: el aula-clase, el aula-taller o el aula-informática. Habitualmente, en el aula-taller se sigue el método de proyectos, mientras que las sesiones en el aula-clase y en el aula-informática son diferentes.

Todas las metodologías planteadas, y algunas más, pueden ser aplicadas a la práctica docente en función de las necesidades del alumnado, del nivel del que parten, sus motivaciones e intereses. Además, la elección de la metodología también dependerá de los contenidos a desarrollar, los materiales disponibles, los recursos del centro, etc. La experiencia determina que es bueno alternarlos para no conseguir el aburrimiento por rutina de los alumnos.

Referencias en la legislación al método de proyectos

El método de proyectos en el área de Tecnología, como se comprobará a lo largo de este apartado, cobra especial interés. Como señala López Cubino (2001), la interrelación entre qué enseñar y cómo enseñar es muy estrecha, como pone de manifiesto el hecho de que objetivos y contenidos hagan referencia al dominio de un método de trabajo y al uso de procedimientos y estrategias para la adquisición de los objetivos propios del área y de la Educación Secundaria.

En este sentido, en el **Real Decreto 1007/1991** por el que se establecían por primera vez las enseñanzas mínimas de la ESO, se señalaba que entre los elementos que le dan sentido y valor a la Tecnología, destaca el componente metodológico _"referido al modo creativo, ordenado y sistemático de actuar del tecnólogo en su trabajo, y a todas y cada una de las destrezas necesarias para desarrollar el proceso de resolución técnico de problemas"_. Más adelante refuerza y concreta esta idea al señalar que:

> _El planteamiento curricular del área toma como principal punto de referencia los métodos y procedimientos de los que se ha servido la humanidad para resolver problemas mediante la tecnología. El núcleo de la educación tecnológica es el desarrollo del conjunto de capacidades y conocimientos inherentes al proceso que va desde la identificación y análisis de un problema hasta la construcción del objeto, máquina o sistema capaz: de facilitar su resolución._

Del mismo modo, en el **Real Decreto 1631/2006** por el que se establecen las enseñanzas mínimas del currículo actual de la ESO, se insiste en que:

> _El bloque de contenidos **Proceso de resolución de problemas tecnológicos** constituye el eje en torno al cual se articula la materia, de modo que el resto de los bloques proporcionan recursos e instrumentos para desarrollarlo. Los contenidos relacionados con este bloque se tratan de forma progresiva empezando por procesos muy simples, con propuestas concretas y específicas, para avanzar hacia otros más complejos, detallados y abiertos en sus requisitos._

Incluso, en el cuarto curso, de carácter opcional, se destaca que _"aún cuando no existe explícitamente un bloque asociado a la resolución de problemas tecnológicos, siguen siendo válidas las consideraciones anteriores acerca del papel central de estos contenidos, que habrán sido aprendidos al comienzo de la etapa"._

Así mismo, en el ámbito de la Comunidad Valenciana, en el **D112/2007** por el que se establece el currículo de la ESO vigente en esta comunidad, se plantea la necesidad de una actividad metodológica para el área de Tecnología apoyada en tres principios:

*Por un lado, se hace imprescindible la **adquisición de los conocimientos técnicos y científicos** necesarios para comprender y desarrollar la actividad tecnológica. En segundo lugar, estos conocimientos adquieren su razón de ser si se aplican al **análisis de los objetos tecnológicos** existentes y a su posible manipulación y transformación, sin olvidar que éste ha de trascender el propio objeto e integrarlo en el ámbito social y cultural de la época en que se produce. En tercer lugar, la posibilidad de emular procesos de resolución de problemas a través de una **metodología de proyectos** se convierte en remate del de aprendizaje y adquiere su dimensión completa apoyado en las dos actividades precedentes. Además, esta última requiere que el alumnado trabaje en equipo, y permite que desarrolle las cualidades necesarias para un futuro trabajo profesional dentro de un grupo.*

Por tanto, a la vista de las múltiples referencias en la legislación, queda suficientemente claro que se defiende el método de proyectos como principal actividad en el área de Tecnología.

Puesto que el método de proyectos en el área de Tecnología de la ESO pretende simular el proceso de diseño y fabricación que se da en las empresas del mundo real, en el apartado siguiente se va a realizar una breve revisión de las metodologías tradicionales para la realización de proyectos en ingeniería en las que se inspira. Posteriormente, se describirá también la metodología de proyectos que se ha venido utilizando en Educación en distintas áreas del currículo (tanto en Primaria como en Secundaria): el método de proyectos de Kilpatrick. Por último, se describirá la metodología de proyectos en el área de Tecnología de la ESO.

2.2.1 La metodología de proyectos en ingeniería (enfoque tradicional)

A nivel industrial, la metodología de proyectos puede ser descrita en una variedad de formas y grados de complejidad. Algunos modelos de ciclo de diseño son simples y algunos más complejos. A continuación revisaremos brevemente el concepto de "diseño" en ingeniería y las denominadas metodologías de diseño de ingeniería clásicas, que son aquellas que se componen de etapas sucesivas que se pueden organizar como un proceso sistemático cíclico que eventualmente converge a una solución a un problema.

A medida que la complejidad de los proyectos ha ido aumentado, han surgido nuevos enfoques metodológicos como los **Design for** y la **ingeniería concurrente**, que no son de interés para la presente investigación.

2.2.1.1 El concepto de "diseño" en ingeniería

El proceso de diseño de ingeniería es una formulación de un plan o esquema para ayudar a los ingenieros en la creación de un producto.

Debemos aclarar que el concepto de "diseño" al que hacemos referencia tiene un significado que no se limita solamente a lo formal (formas, texturas, colores, etc.), sino que hace referencia a toda la actividad de desarrollo de una idea de producto.

El diseño de ingeniería es definido por Ertas y Jones (1996) como:

El proceso de elaboración de un sistema, componente o proceso para satisfacer las necesidades deseadas. Se trata de un proceso de toma de decisiones (a menudo iterativo) en el que se aplican las ciencias básicas, matemáticas y ciencias de la ingeniería para convertir los recursos de forma óptima para cumplir con un objetivo establecido. Entre los elementos fundamentales del proceso de diseño están el establecimiento de objetivos y criterios, síntesis, análisis, construcción, pruebas y evaluación.

2.2.1.2 Metodologías de diseño de ingeniería "clásicas"

Las metodologías de diseño cobran relevancia como respuesta a la creciente complejidad del proceso de desarrollo de productos a finales de los 50 y principios de los 60.

En las últimas décadas se han desarrollado diversas metodologías de diseño para que cuando se pretenda desarrollar un proyecto de diseño, el diseñador o grupo de diseñadores puedan identificar, analizar y seguir un proceso que les ayude a lograr la mejor solución.

Entre las metodologías de diseño de ingeniería clásicas, podemos destacar las propuestas por Pahl y Beitz, Pugh, Hubka y Eder y el modelo alemán VDI 2221 entre otros.

Tal y como describen Farias et al. (2006), la mayor parte de estas metodologías comprenden sólo el diseño del producto y establecen las etapas del problema a resolver y la secuencia más recomendable para llevarlas a término. Fundamentalmente se establecen las etapas de especificación, diseño conceptual, diseño de materialización y diseño de detalle.

Estos autores, tras analizar las metodologías de diseño clásicas, concluyen que a pesar de que las fronteras entre las fases es en general difusa y no todas ellas son abordadas de forma explícita por estas metodologías, globalmente pueden ser enmarcadas dentro de cuatro fases en el proceso de diseño:

- *Ideación.* En esta fase se hace una definición de las necesidades del mercado y se definen los requerimientos del producto.
- *Desarrollo Conceptual y Básico.* En la fase de Diseño Conceptual se desarrollan las alternativas de solución sobre el producto funcional.
- *Desarrollo Avanzado.* Involucra todas las actividades que ofrecen como resultado documentos de ingeniería detallados que son la base para la fabricación del producto; es importante anotar, que en muchos de los modelos clásicos esta etapa se denomina Diseño de Detalle.
- *Lanzamiento.* En esta fase se fabrican prototipos para evaluar el diseño e inclusive, se diseña el proceso de producción y se comienza con la manufactura del producto. Sólo algunos de los modelos clásicos abordan esta fase.

A modo de ejemplo, se muestra en la Figura 2 los pasos del modelo de Pahl y Beitz.

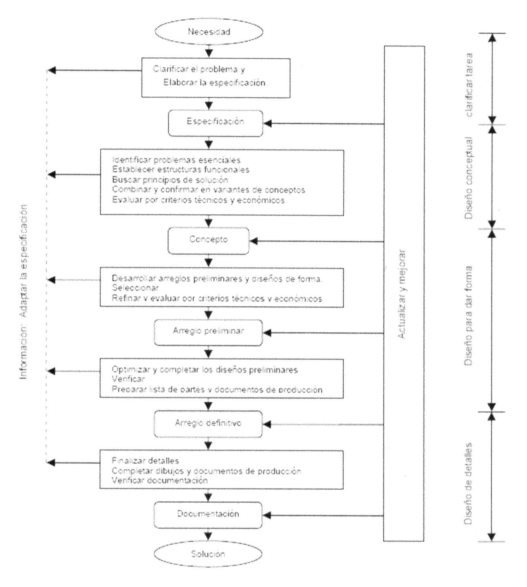

Figura 2. Modelo de Pahl y Beitz (Chaur, 2005)

En cuanto a la normativa para la elaboración de proyectos, hay que destacar la Norma **UNE 157001:2002** que tiene por objeto establecer las consideraciones generales que permitan precisar las características que deben satisfacer los proyectos de productos, obras y edificios (excluidas viviendas), instalaciones (incluidas instalaciones de viviendas), servicios o software (soporte lógico), para que sean conformes al fin a que están destinados.

Así pues, como hemos visto en este apartado, el proceso de diseño clásico a nivel industrial puede considerarse como un proceso iterativo en el que, partiendo de una necesidad, se van realizando aproximaciones sucesivas a la solución hasta obtener la solución óptima, como se muestra en la Figura 3.

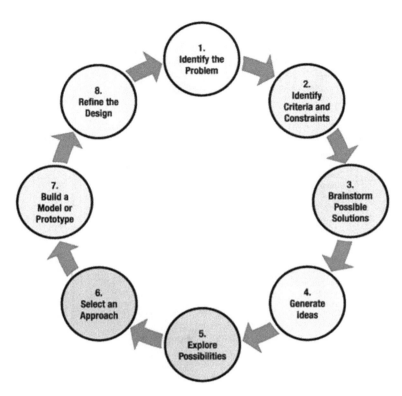

Figura 3. Proceso de diseño "iterativo" en ingeniería (NASA, 2008)

2.2.2 El Aprendizaje Basado en Proyectos en Educación

En la primera mitad del siglo XX, un importante conjunto de psicólogos y pedagogos sentaron las líneas maestras de lo que debiera ser una enseñanza "activa" (denominada como "Escuela Activa") basada en la actividad del alumno en distintos ámbitos tanto cognitivos, actitudinales, sociales, psicomotrices. Es el principio de "aprender haciendo" como contraposición a métodos de enseñanza basados en la transmisión expositiva del conocimiento y en su recepción por parte de los alumnos.

Este planteamiento didáctico impulsó la aparición de métodos de enseñanza que abiertamente propugnaban convertir al niño/a en el centro del proceso de aprendizaje.

Las primeras propuestas y descripciones del método de proyectos se encuentran entre los años 1900 y 1933 aunque se considera que el **método de proyectos** en Educación, tiene su origen en el artículo *The Project Method* escrito por el pedagogo norteamericano Kilpatrick, publicado en 1918.

Generalmente el método de proyectos de aprendizaje hace hincapié en la unificación del aprendizaje teórico y práctico, colaboración de alumnos y el incluir elementos de la vida cotidiana en las instituciones de educación.

Desde los años sesenta del siglo XX se puede encontrar el método en todos los ámbitos de educación, aunque curiosamente, en la educación obligatoria su uso ha sido mayor en etapas como Infantil o en los primeros ciclos de Primaria que en Secundaria.

2.2.2.1 Fases del método de proyectos de Kilpatrick

Kilpatrick (1918), indicaba que el método de proyectos en educación tenía cuatro grandes fases: dar propósito, planificar, ejecutar y juzgar. Area (2006) traduce estas tareas por términos como: establecer las metas y objetivos del proyecto; elaborar un plan de trabajo identificando tareas y tiempos; poner en práctica y desarrollar dicho plan; evaluar resultados y establecer conclusiones. Los pasos del método de investigación por proyectos, según Area (2006) se muestran en la Figura 4.

Figura 4. Proceso del método de investigación por proyectos. (Area, 2006)

2.2.2.2 Tipos de proyectos en Educación

Desde la experiencia como maestro en un tiempo y espacio determinado, el autor del método de proyectos aplicado a la Educación, observó cuatro tipos de proyectos que podían surgir en el desarrollo de los actos educativos:

1. *Las experiencias cuyo propósito dominante es hacer o efectuar algo, dar cuerpo a una idea o aspiración en una forma material (p.e. un discurso, un poema, una sinfonía, una escultura, etc.).*
2. *El proyecto consiste en la apropiación propositiva y placentera de una experiencia (por ejemplo ver y disfrutar una obra de Shakespeare).*
3. *El propósito dominante en la experiencia es resolver un problema, desentraña r un acertijo o dificultad intelectual.*
4. *Incluye experiencias en que el propósito es adquirir un determinado grado de conocimiento o habilidad al cual la persona que aprende aspira en un punto específico de su educación. (Kilpatrick, 1921)*

2.2.2.3 Diferencia respecto al Aprendizaje Basado en Problemas

De forma casi paralela, John Dewey propuso el **método de enseñanza basado en problemas** que, en líneas generales, suponía la traslación del método científico de construcción del conocimiento, al ámbito escolar.

Estas metodologías suelen confundirse frecuentemente en la literatura debido a la coincidencia de sus siglas en inglés: *Project-Based Learning (PBL)* y *Problem-Based Learning (PBL)*, aunque desde un punto de vista metodológico son distintas. Mientras que el método de enseñanza basado en problemas se centra en un problema específico que se va a abordar, el método de proyectos es una categoría más amplia pues puede centrarse en áreas que no son problemas. El primero se centra en aprender "acerca" de algo mientras que el segundo se centra en "hacer algo".

2.2.2.4 Beneficios del Aprendizaje Basado en Proyectos

Los principales beneficios reportados por algunos autores de este modelo al aprendizaje incluyen (tomado de Galeana, 2006):

- *Los alumnos desarrollan habilidades y competencias tales como colaboración, planeación de proyectos, comunicación, toma de decisiones y manejo del tiempo (Blank, 1997; Dickinsion et al, 1998).*
- *Aumentan la motivación. Se registra un aumento en la asistencia a la escuela, mayor participación en clase y mejor disposición para realizar las tareas (Bottoms & Webb, 1998; Moursund, Bielefeldt, & Underwood, 1997).*
- *Integración entre el aprendizaje en la escuela y la realidad. Los estudiantes retienen mayor cantidad de conocimiento y habilidades cuando están comprometidos con proyectos estimulantes. Mediante los proyectos, los estudiantes hacen uso de habilidades mentales de orden superior en lugar de memorizar datos en contextos aislados, sin conexión. Se hace énfasis en cuándo y dónde se pueden utilizar en el mundo real (Blank, 1997; Bottoms & Webb, 1998; Reyes, 1998)*
- *Desarrollo de habilidades de colaboración para construir conocimiento. El aprendizaje colaborativo permite a los estudiantes compartir ideas entre ellos, expresar sus propias opiniones y negociar soluciones, habilidades todas, necesarias en los futuros puestos de trabajo (Bryson, 1994; Reyes, 1998).*
- *Acrecentar las habilidades para la solución de problemas (Moursund, Bielefeld, & Underwood, 1997).*
- *Establecer relaciones de integración entre diferentes disciplinas.*
- *Aumentar la autoestima. Los estudiantes se enorgullecen de lograr algo que tenga valor fuera del aula de clase y de realizar contribuciones a la escuela o la comunidad (Jobs for the future, n.d.).*
- *Acrecentar las fortalezas individuales de aprendizaje y de sus diferentes enfoques y estilos hacia este (Thomas, 1998).*
- *Aprender de manera práctica a usar la tecnología. (Kadel, 1999; Moursund, Bielefeldt, & Underwood, 1997).*

Como resume Galeana (2006), el Aprendizaje Basado en Proyectos apoya a los estudiantes a: (1) adquirir conocimientos y habilidades básicas, (2) aprender a resolver problemas complicados y (3) llevar a cabo tareas difíciles utilizando estos conocimientos y habilidades.

2.2.2.5 El Aprendizaje Basado en Proyectos utilizando las TIC

El Aprendizaje Basado en Proyectos (ABP) ha sido durante mucho tiempo una herramienta de enseñanza de muchos profesores. Ahora, el ABP está siendo mejorado por el uso rutinario de la tecnología de la información ya que ofrecen herramientas que ayudan a superar barreras de lenguaje, de distancia y de horarios. Tecnologías tales como sitios Web, foros de trabajo, videoconferencias, mensajero instantáneo y correo electrónico permiten a los equipos realizar el trabajo que deben llevar a cabo. Estos grupos necesitan entender y usar las TIC, no por el simple hecho de usarlas, sino para construir mejores relaciones de trabajo y acrecentar su comunidad de aprendizaje. Las TIC se pueden convertir en herramientas para construir redes entre las personas, aunque estén ubicadas en sitios distantes.

Como sugiere Galeana (2006), no es indispensable que el docente sea experto en el manejo de las TIC para enseñar apoyándose en ellas, es más importante una actitud abierta y positiva hacia estas y que tenga deseos de aprender.

De acuerdo con Moursund (1999), una lección de ABP asistida por las TIC puede ser vista como una oportunidad para los estudiantes:

- *De aprender en un auténtico reto, entorno multidisciplinario.*
- *Para aprender a diseñar, ejecutar y evaluar un proyecto que requiere un esfuerzo sostenido durante un período significativo de tiempo.*

- *Para saber más sobre los temas en los que el proyecto se centra.*
- *Para obtener más conocimientos y habilidades de las TIC.*
- *Para aprender a trabajar con un mínimo de orientación externa, tanto individualmente como en grupos.*
- *Para ganar en la autosuficiencia y la responsabilidad personal.*

Y una lección de ABP asistida por las TIC puede ser visto como una oportunidad para los profesores:

- *Para aprender tecnología de la información junto con sus estudiantes.*
- *De adquirir habilidades en la creación de un ambiente de aprendizaje constructivista.*
- *Para facilitar la creación de un ambiente de aprendizaje altamente motivador.*

Por su parte Moursund (1999) establece que **los objetivos del Aprendizaje por Proyectos para el estudiante mediante la utilización de las TIC** son numerosos, y generalmente incluyen los siguientes:

- *Desarrollar competencias. Para los estudiantes el objetivo del proyecto es aumentar su conocimiento y habilidad en una disciplina o en un área del contenido interdisciplinario. Con frecuencia, cuando se realiza un proyecto, el estudiante alcanza un nivel de habilidad elevado en el área específica que está estudiando y hasta puede convertirse en la persona que más sabe en el aula sobre un tema específico.*
- *Mejorar las habilidades de investigación. El proyecto requiere la utilización de aptitudes para investigar y ayuda a que estas se desarrollen.*
- *Incrementar las capacidades mentales de orden superior, capacidad de análisis y de síntesis. Esto se logra cuando el proyecto es un desafío a los conocimientos que posee el alumnado y en, consecuencia, favorece el desarrollo de estas habilidades.*
- *Participar en un proyecto. El proyecto ayuda a que los estudiantes incrementen su conocimiento y habilidades para emprender una tarea desafiante que requiera un esfuerzo sostenido durante un período de tiempo considerable. Normalmente un grupo de estudiantes cuando trabajan en un proyecto aprenden a asumir responsabilidades de forma individual y colectiva para que el equipo complete con éxito la tarea. Los estudiantes aprenden los unos de los otros.*
- *Aprender a usar las TIC. Los estudiantes incrementan el conocimiento y la habilidad que tienen en las TIC a medida que trabajan en el proyecto. Un proyecto puede diseñarse con el objetivo específico de alentar en los estudiantes la adquisición de nuevas habilidades y conocimientos en las tecnologías.*
- *Aprender a autoevaluarse y a evaluar a los demás. Los estudiantes incrementan su habilidad de autoevaluación responsabilizándose por su propio trabajo y desempeño. Aprenden también, a evaluar el trabajo y desempeño de sus compañeros y a darles retroalimentación.*
- *Desarrollar un portafolio. El proyecto requiere que los estudiantes realicen un producto, una presentación o una función de alta calidad. El proyecto puede ser parte del portafolio del estudiante en el año escolar que este cursando o inclusive a más largo plazo.*
- *Comprometerse en un proyecto en red. Los estudiantes se comprometen activa y adecuadamente a realizar el trabajo del proyecto, aunque estén ubicados en sitios remotos, por lo que se encuentran internamente motivados. Esta es una meta del proceso. El docente, de este modo, puede realizar observaciones diarias que le permitan establecer si el estudiante está comprometido con la tarea, si muestra una colaboración ejemplar o indisciplina. También puede solicitar a sus estudiantes que lleven un diario en el que hagan anotaciones sobre su trabajo específico y sus*

contribuciones al proyecto del grupo, pidiéndoles que se lo presenten una vez a la semana.

- **Ser parte de una comunidad académica en línea.** Toda la clase (los estudiantes y el profesor) se convierten en una comunidad académica, en la que se trabaja cooperativamente y se aprende unos de otros. Esta comunidad académica a menudo se expande para incluir padres, alumnos de otras clases y otras personas.

- **Trabajar en ideas que son importantes.** El proyecto debe enfocarse en ideas que sean importantes y en temas que tengan continuidad y que sean relevantes para el profesor, el colegio o el distrito escolar. Por ejemplo, la comunicación, la competencia matemática y la resolución de problemas en forma interdisciplinaria, deben ser algunas de las metas de los proyectos.

Coincidimos con Galeana (2006) al afirmar que una buena lección de Aprendizaje Basado en Proyectos, apoyada por las TIC, debe incluir los 10 objetivos anteriores, que en unión de los otros objetivos del proceso y los de la enseñanza, permitan establecer un marco de referencia para poder evaluar.

Area (2006) describe una serie de **principios que deben ser tenidos en cuenta a la hora de planificar, desarrollar y evaluar proyectos, actividades o unidades de trabajo en el aula basados en el uso de la tecnología:**

- En primer lugar, hemos de ser conscientes de que **los ordenadores "per se" no generan una mejora sobre la enseñanza y el aprendizaje.** Es una falacia o creencia ingenua suponer que por el mero hecho de incorporar ordenadores a los procesos de enseñanza, éstos de forma cuasi automática incrementarán los efectos sobre lo que aprenden los alumnos y por tanto mejoran la calidad del proceso educativo. Mantener la tesis de que la presencia de la tecnología en aula supondrá necesariamente innovación pedagógica así como mejora de la motivación y rendimiento del alumnado es mitificar el potencial intrínseco de los ordenadores en la enseñanza.

  Los efectos pedagógicos de las TIC (Tecnologías de la Información y Comunicación) no dependen de las características de la tecnología utilizada, sino de las tareas que se demandan que realice el alumno con las mismas, del entorno social y organizativo de la clase, de la estrategia metodológica implementada, y del tipo de interacción comunicativa que se establece entre el alumnado y el profesor durante el proceso de aprendizaje. Es decir, la calidad educativa no depende directamente de la tecnología empleada (sea impresa, audiovisual o informática), sino del método de enseñanza bajo el cual se integra el uso de la tecnología así como de las actividades de aprendizaje que realizan los alumnos con dichos recursos.

- En segundo lugar, hemos de indicar que **las TIC facilitan la organización y desarrollo de procesos de aprendizaje de naturaleza socioconstructivista.** El constructivismo social es, en estos momentos, la teoría psicológica del aprendizaje más extendida y consolidada en los ámbitos de la investigación educativa. Apoyada en las aportaciones de Piaget, Vigotsky, Brunner, y otros autores contemporáneos, básicamente se defiende que el aprendizaje escolar debe ser un proceso constructivo del conocimiento que el alumno elabora a través de actividades aprendiendo a resolver situaciones problemáticas en colaboración con otros compañeros. El aprendizaje, en consecuencia, es un proceso de reconstrucción de significados que cada individuo realiza en función de su experiencia en una situación dada.

Por ello, la tecnología, desde estas posiciones, no debe ser el eje o centro de los procesos de enseñanza, sino un elemento mediador entre el conocimiento que debe construirse y la actividad que debe realizar el alumnado. Frente a la Enseñanza Asistida por Ordenador de inspiración conductista en la que el software es el protagonista del proceso, y el papel del alumno es ser receptor de las indicaciones del mismo, los planteamientos constructivistas de la informática ponen el acento en el humano que, en colaboración con otros sujetos, desarrolla acciones con la tecnología. La creación de entornos de aprendizaje en los que se le pide al alumnado que "actúe" sobre el ordenador de forma que éste reaccione ante la actividad del mismo, la posibilidad de comunicación con otros compañeros situados en aulas geográficamente distantes de modo de intercambien opiniones y puedan trabajar de forma colaborativa, o los entornos 3D en los que se simulan objetos, fenómenos o situaciones de modo virtual (como conducir un avión, planificar una ciudad, o visitar una pirámide) son ejemplos de la utilización de la tecnología digital al servicio de procesos de aprendizaje constructivistas.

- *En tercer lugar, la tecnología informática, a diferencia de la impresa o el soporte audiovisual, permite manipular, almacenar, distribuir y recuperar con gran facilidad y rapidez grandes volúmenes de información. Frente a las limitaciones y dificultades de acceso a la información que imponen los libros o los vídeos (ya que éstos tienen que estar disponibles físicamente en el aula o centro para que puedan ser utilizados por el alumnado en el tiempo escolar), Internet y los discos digitales son recursos que distribuyen y/o almacenan ingentes cantidades de datos (en formato documento de lectura, en imágenes fija, en esquemas y gráficos, en imágenes en movimiento, en sonidos, etc.) susceptibles de ser empleadas en un proceso de aprendizaje que requiera del alumnado las habilidades o capacidades de uso inteligente de la información.*

Lograr el desarrollo de estas capacidades solamente se realizará si planificamos y ponemos en práctica situaciones de aprendizaje que demanden al alumnado elaborar o construir el conocimiento en el sentido de que sea él quien tenga que tomar las decisiones adecuadas para resolver un determinado problema. La decisión de identificar qué datos son los necesarios y en consecuencia elaborar estrategias de búsqueda de la información y saber hacerlo en la maraña entrelazada de recursos existentes en Internet; analizar, discriminar y seleccionar los documentos, webs o ficheros encontrados; reelaborar toda la información disponible construyendo un ensayo o trabajo personal; redactarlo y darle formato bien textual, gráfico o multimedia; y finalmente difundirlo sea mediante una página web, una presentación multimedia, o un póster, son habilidades de uso inteligente de la información vinculadas con las capacidades a desarrollar en la alfabetización múltiple del alumnado en cuanto sujeto que debe desenvolverse en la sociedad informacional.

2.2.3 El método de proyectos en el área de Tecnología de la ESO

La aplicación del método de proyectos, también denominado método de resolución de problemas técnicos (o tecnológicos), comporta la realización de un proceso que parte de un problema o necesidad que se presenta al alumno o que el mismo define, y que continúa con el análisis de la situación, la búsqueda de soluciones válidas que den respuesta al problema y la construcción de la solución que se considera más válida. La secuencia se completa con la evaluación del proceso seguido y del producto obtenido (Figura 5).

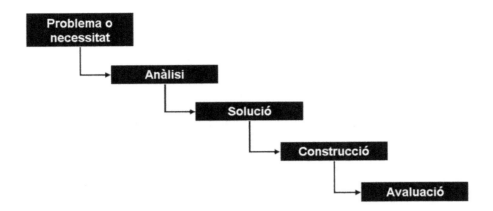

Figura 5. Secuencia del método de resolución de problemas tecnológicos (Generalitat de Catalunya, 2009)

Esta secuencia no deja de ser una síntesis de las fases más importantes de un proceso que puede llegar a ser muy complejo y que puede materializarse en las aulas adoptando una extensa gama de variantes del modelo: cíclico, de gestión del proyecto industrial, del ciclo de vida de un producto, etc.

En realidad, la variante de modelo que más se ajusta a lo que pasa en las aulas, es la del **modelo cíclico iterativo**. El proceso tecnológico no es un proceso lineal cerrado, sino que a menudo las fases se mezclan o surgen nuevas dificultades que son resueltas mientras se avanza en el resto de las fases.

Sin embargo, a pesar de la existencia de distintos modelos para el método de proyectos en la enseñanza de la Tecnología, existe un consenso sobre los pasos a seguir que se refleja en casi todos los libros de texto de Tecnología y que es seguido por la mayoría de profesores de la especialidad. Con pequeños cambios, consta de las siguientes fases:

1. Planteamiento de la propuesta (Identificación del problema o la necesidad).
2. Definición del problema (Establecimiento de las condiciones iniciales).
3. Búsqueda de información.
4. Exploración de ideas.
5. Elección de la solución de grupo.
6. Diseño de la solución elegida.
7. Planificación y presupuesto.
8. Construcción.
9. Evaluación y rediseño.
10. Realización de la memoria.
11. Presentación del producto.

A continuación se describe cada una de las fases citadas y posteriormente se analiza la importancia del desarrollo de proyectos en Tecnología.

2.2.3.1 Fases del método de proyectos en el área de Tecnología

En cada una de las fases describimos las tareas a realizar y quien las realiza (profesor o alumnado).

1. Planteamiento de la propuesta (Identificación del problema o la necesidad)

Generalmente es el **profesor** quien plantea el problema que se debe resolver. En el área de Tecnología el problema puede ser real o simulado, pero debe estar lo suficientemente acotado para que sea posible solucionarlo y a la vez debe ser lo suficientemente abierto para dar lugar a soluciones diferentes que contribuyan a estimular la creatividad del alumnado. Por el mismo motivo, es importante plantear la propuesta en forma de necesidad (en lugar de plantear el diseño y construcción de un producto concreto).

Para identificar problemas reales, es imprescindible observar de manera crítica nuestro entorno. Al pasear por la ciudad, en casa, en el parque o en el centro escolar se pueden descubrir problemas de uso, carencias o situaciones que podrían resolverse mejorando o creando algún producto.

2. Definición del problema (Establecimiento de las condiciones iniciales)

Es el momento de fijar las condiciones o requisitos que debe cumplir la solución. De nuevo, suele ser el **profesor** quien especifica las condiciones que tendrá que tener el producto (dimensiones máximas, materiales a utilizar, etc.), aunque el **alumnado** podría contribuir añadiendo condiciones voluntarias al proyecto. Supone el punto de partida para iniciar el proceso de diseño y construcción de un producto.

En esta fase es aconsejable fijar con el alumnado los criterios de evaluación que tendremos en cuenta a la hora de evaluar el proyecto. Es el momento también de establecer los grupos de trabajo.

3. Búsqueda de información

En esta fase el **alumnado** debe buscar y seleccionar toda la información que pueda ser útil para resolver el problema, utilizando para ello diversas fuentes: preguntando a personas, consultando libros, catálogos, analizando objetos reales o buscando información en Internet.

Una vez obtenida la información, el alumnado debe **clasificarla** de forma sistemática por temas y **realizar anotaciones prácticas** sobre la información reunida.

4. Exploración de ideas

Después de consultar la información recopilada y teniendo en cuenta las condiciones iniciales establecidas, **cada alumno**, individualmente piensa una posible solución al problema y **realiza un boceto** con su idea, que incluirá datos como las dimensiones máximas, piezas principales, etc.

5. Elección de la solución de grupo

En esta fase, **cada alumno** presenta al grupo su solución y se elige una, o se combinan diversas propuestas para incorporar los aspectos más positivos de cada una. Para ello, el grupo puede elaborar una **matriz de elección** en la que cada miembro puntúe una serie de factores (como coste, sencillez, estética...) de las soluciones de sus compañeros.

6. Diseño de la solución elegida

En esta fase, el **alumnado** debe **realizar los planos** de la solución elegida. Los planos pueden ser:

- Plano de conjunto (en perspectiva), con las dimensiones totales y las piezas numeradas.
- Planos de detalle: vistas del conjunto (alzado, planta y perfil), despiece de cada pieza a construir (generalmente basta con el alzado) acotada, detalles de uniones (generalmente en perspectiva), etc.

En los proyectos que lo requieran, el alumnado realiza también la **selección de los operadores** a emplear (mecánicos, eléctricos o electrónicos, etc.) y en caso necesario, el

diseño de los esquemas de eléctricos y los **cálculos justificativos** (diámetros de poleas, valor óhmico de resistencias eléctricas, etc.)

7. Planificación y presupuesto

Antes de comenzar a construir el objeto el **alumnado** debe definir cuál va a ser el proceso de fabricación: que piezas se necesitan primero, que operaciones hay que hacer, en qué orden, que materiales necesita, quien se va a encargar de la realización de cada una de las partes, que tiempo le llevará hacerlo...

Para ello, el alumnado debe realizar una **hoja de fabricación** en la que indicará, para cada pieza, el material y las herramientas necesarias, las operaciones a realizar, el responsable y el tiempo previsto. También podría realizarse un **diagrama de flujo** con la secuencia de las operaciones para la fabricación de alguna pieza o el montaje de todas las piezas, e incluso, un **diagrama de Gantt** con los hitos más significativos.

A la vista de los materiales indicados en la hoja de fabricación o de los planos realizados, se determinará la cantidad total de cada tipo de material a utilizar. Multiplicando la cantidad de cada material por su precio, y sumándolo todo se obtendrá el **presupuesto** del proyecto.

8. Construcción

En esta fase, el **alumnado** realiza la construcción de las diferentes piezas y el montaje. Resulta conveniente empezar por las piezas de mayor tamaño y que sirven de soporte a las demás.

A lo largo del proceso de construcción pueden surgir problemas o inconvenientes que no se habían tenido en cuenta. Conviene reflejar estos problemas en una **hoja de incidencias** en la que se anoten los problemas surgidos y la solución propuesta.

También se podrían anotar lo que se ha hecho cada día en un **diario de construcción**.

Para la posterior presentación y difusión del producto construido, sería recomendable que durante la construcción se tomaran algunas fotografías o video sobre la fabricación de alguna pieza, el montaje, etc.

9. Evaluación y rediseño

En esta fase, el **alumnado** comprobará si el producto diseñado cumple con las especificaciones iniciales. En caso contrario, se buscan las causas, se proponen las mejoras necesarias y se vuelve a la fase de diseño, de forma que el proceso es iterativo. Las mejoras necesarias podrían registrarse en una **hoja de modificaciones** y en un **plano de modificaciones**.

10. Realización de la memoria

Con todos los documentos elaborados a lo largo del proceso, el **alumnado** confecciona la memoria del proyecto para dejar constancia del proceso realizado y que serviría para desarrollar de nuevo el trabajo. La memoria suele contener los siguientes apartados:

- Portada
- Índice
- Planteamiento del problema y condiciones
- Búsqueda de información
- Bocetos individuales
- Justificación de la solución elegida
- Planos (perspectiva de conjunto, vistas de cada pieza a fabricar)

- Hoja de fabricación
- Presupuesto
- Hoja de incidencias
- Diario de construcción
- Autoevaluación del proceso

En determinados casos, podría resultar conveniente elaborar también una **línea de tiempo** sobre la evolución histórica del producto construido (materiales empleados, técnicas de fabricación, etc.)

11. Presentación del producto

En esta fase, **cada grupo** presenta al resto de los grupos la memoria y la solución aportada realizando generalmente una exposición oral.

Como complemento a la exposición oral, proponemos utilizar las TIC como medio para difundir los productos. Así, cada grupo podría publicar la memoria en Internet en diferentes formatos (presentación, póster, publicación en flash...) e incluso algunas fotos o video del proceso y el producto realizado.

12. Autoevaluación del proceso

Finalizado el proyecto, el **alumnado** también suele realizar una **autoevaluación del proceso** (sobre el interés y dificultad del proyecto, sobre la participación y la efectividad del grupo, etc.)

2.2.3.2 Importancia del desarrollo de proyectos en Tecnología

La realización de proyectos en el área de Tecnología está enfocada tanto para **impartir el currículo** propio de la asignatura como para el **desarrollo de un aprendizaje constructivo y significativo**. Como ya se ha mencionado, la interrelación entre qué enseñar y cómo enseñar es muy estrecha, como pone de manifiesto el hecho de que objetivos y contenidos hagan referencia al dominio de un método de trabajo, el método de proyectos, para la adquisición de los objetivos propios del área y de las capacidades de la Educación Secundaria.

Puesto que los objetivos y contenidos del área de Tecnología pueden variar ligeramente en las distintas comunidades autónomas, a la hora de hacer referencia a dichos componentes del currículo en este apartado, se considerarán los del currículo de la Comunidad Valenciana.

Así pues, una de las razones por las que es necesario el desarrollo de proyectos dentro del área de Tecnología es que la realización de proyectos es una tarea indispensable para la adquisición de algunos **objetivos del área**[3] tales como:

1. Abordar con autonomía y creatividad, individualmente y en grupo, problemas tecnológicos trabajando de forma ordenada y metódica para estudiar el problema, recopilar y seleccionar información procedente de distintas fuentes, elaborar la documentación pertinente, concebir, diseñar, planificar y construir objetos o sistemas que resuelvan el problema estudiado y evaluar su idoneidad desde distintos puntos de vista.

2. Adquirir destrezas técnicas y conocimientos suficientes para el análisis, diseño y elaboración de objetos y sistemas tecnológicos mediante la manipulación, de forma segura y precisa, de materiales y herramientas.

---

[3] Objetivos del área de Tecnología establecidos en el Decreto 112/2007 de la Comunidad Valenciana, relacionados según la numeración que dicho decreto posee.

4. Expresar y comunicar ideas y soluciones técnicas, así como explorar su viabilidad y alcance utilizando los medios tecnológicos, recursos gráficos, la simbología y el vocabulario adecuados.

5. Adoptar actitudes favorables a la resolución de problemas técnicos, desarrollando interés y curiosidad hacia la actividad tecnológica, analizando y valorando críticamente la investigación, la innovación y el desarrollo tecnológico y su influencia en la sociedad, en el medio ambiente, en la salud y en el bienestar personal y colectivo a lo largo de la historia de la humanidad.

9. Actuar de forma dialogante, flexible y responsable en el trabajo en equipo, en la búsqueda de soluciones, en la toma de decisiones y en la ejecución de las tareas encomendadas con actitud de respeto, cooperación, tolerancia y solidaridad.

11. Conocer, valorar y respetar las normas de seguridad e higiene en el trabajo y tomar conciencia de los efectos que tienen sobre la salud personal y colectiva.

Para lograr los citados objetivos, todas las comunidades autónomas incluyen un **bloque de contenidos** denominado *Proceso de resolución de problemas tecnológicos*, en los cursos en los que el área es obligatoria en la ESO (1º y 3º en la Comunidad Valenciana). Tal y como señala el Decreto 112/2007 por el que se establece el currículo de la ESO en la Comunidad Valenciana, este bloque *"constituye uno de los ejes metodológicos en torno al cual se articula la materia, de modo que el resto de los bloques proporcionan recursos e instrumentos para desarrollarlo"*. En el Decreto citado, se señala también que *"en el cuarto curso, de carácter opcional, aun cuando no existe explícitamente un bloque asociado a la resolución de problemas tecnológicos, siguen siendo válidas las consideraciones anteriores acerca del papel central de estos contenidos, ya aprendidos al comienzo de la etapa"*.

Además de contribuir al desarrollo del currículo del área, la realización de proyectos en Tecnología contribuye significativamente a la adquisición de algunas **capacidades básicas de la etapa (ESO).** Tal y como se señala en el Decreto 112/2007 de la Comunidad Valenciana:

- *La contribución a la **autonomía e iniciativa personal** se articula especialmente en la posibilidad de emular procesos de resolución de problemas a través de una metodología de proyectos. Esta metodología precisa que el alumnado se enfrente a estos problemas en forma autónoma y creativa, y la necesidad de diversas estrategias de organización interpersonal ofrece numerosas oportunidades para desarrollar cualidades personales, tanto individuales como en el trato social.*
- *La **competencia en comunicación lingüística** es una contribución que se realiza a través de los procesos de adquisición de vocabulario, búsqueda, análisis y comunicación de información propios de cualquier materia. La contribución específica radica en la elaboración de los documentos propios del proyecto técnico.*
- *A la adquisición de la **competencia para aprender a aprender** se contribuye mediante una metodología específica de la materia que incorpora el análisis de los objetos y la emulación de procesos de resolución de problemas como estrategias cognitivas.*

Pero además de la importancia de la realización de proyectos para el desarrollo de los objetivos propios del área y la adquisición de las competencias básicas de la etapa, otra de las razones por las que es muy importante el desarrollo de proyectos en Tecnología, es que al aplicar conocimientos adquiridos de manera teórica a una manera práctica para la resolución de un problema práctico, se fomenta **un aprendizaje constructivo.**

Para ello, es muy importante adecuar la realización de proyectos a una metodología correcta para que no se quede en una mera construcción o manualidad como suele suceder en un gran porcentaje de los casos (Parrilla, 2005).

Por otra parte, la resolución de una situación problemática siguiendo el método de proyectos supone un proceso de **aprendizaje significativo**. Los alumnos investigan, buscan entre sus conocimientos previos, diseñan los productos, planifican su labor, organizan sus actividades, conocen materiales, manejan herramientas, instrumentos o máquinas, ejecutan la tarea y valoran el trabajo en equipo. Esto es lo que suele denominarse "aprender haciendo".

Por eso en Tecnología es importante proponer los contenidos en forma de problemas (conflicto cognitivo) y luego resolver dichos problemas utilizando medios y procesos técnicos, lo cual lleva a reorganizar los conocimientos previos y construir nuevos saberes significativos.

Por otra parte, cuando se plantea una situación problemática en Tecnología es normal que se encuentren varias soluciones posibles; esto es muy importante porque **estimula la creatividad.** En cambio, si el problema se resuelve aplicando una fórmula o un algoritmo, resulta muy poco formativo para el alumno, porque lo único que tiene que hacer es conocer cuál es la fórmula o el algoritmo y aplicarlo.

Así pues, el proceso de resolución de problemas tecnológicos siguiendo las fases del método del proyecto, es el eje vertebrador de la materia, y el resto de contenidos se desarrollan en torno a éste para identificar y plantear un problema técnico, diseñar el objeto o el sistema capaz de resolverlo, crear dicho objeto o sistema y evaluarlo desde distintos puntos de vista. Además, esta metodología de trabajo implica la aplicación de conocimientos para abordar una situación concreta, lo que aumenta el valor de la materia.

Como describe Salazar (2011), el método de proyectos constituye precisamente una de las herramientas de aprendizaje más potentes que posee la Educación Formal, por las siguientes razones:

- *Los alumnos y alumnas son protagonistas del proceso: ellos y ellas plantean cada solución, la discuten, la definen, la presentan, la defienden y finalmente la construyen.*
- *Siempre se trabaja en equipo, con lo que aprenden a participar, a valorar las opiniones ajenas, a fundamentar sus ideas, a aceptar las de los demás y a consensuar los resultados.*
- *La realización indistinta de tareas tradicionalmente asociadas a un género (sea taladrar una madera o barrer) destruye cualquier prejuicio previo y enseña de modo efectivo la igualdad de capacidades.*
- *La aplicación práctica de los conocimientos teóricos adquiridos en otras áreas refuerza la enseñanza global.*
- *La obtención al final del proceso de soluciones prácticas, tangibles y utilizables refuerza la autoestima de todo el alumnado.*
- *El éxito de este proceso puede medirse tanto por el interés que demuestra en ella el alumnado, como en la baja cantidad de suspensos que suele tener el área en claro contraste con la complejidad objetiva de los contenidos que imparte.*

Capítulo 3

Clasificación de las herramientas TIC para Tecnología

Contenido

3.1 Clasificación de herramientas TIC para la Educación.

3.2 Principales fuentes documentales.

3.3 Clasificación de herramientas TIC para el alumnado de Tecnología.

3 CLASIFICACIÓN DE LAS HERRAMIENTAS TIC PARA TECNOLOGÍA DESDE EL PUNTO DE VISTA DEL ALUMNADO

En este capítulo vamos a realizar una **revisión de los tipos de herramientas TIC** que el alumnado de Tecnología tiene a su disposición para ser utilizadas en el proceso de enseñanza-aprendizaje en los distintos cursos del área en la ESO. Nuestra propuesta investigadora se basa en un análisis de las iniciativas pedagógicas y publicaciones que se han hecho desde el ámbito de la educación (en general o en área específicas) con el uso de las TIC, para realizar una clasificación de este tipo de herramientas en función de su utilidad para el alumnado en el proceso de enseñanza-aprendizaje del área de Tecnología.

Para ello, en primer lugar se describen las **clasificaciones existentes** sobre las herramientas TIC con posibilidades educativas.

A continuación se describen las **principales fuentes documentales** consultadas. Se trata principalmente de sitios Web donde diferentes autores recopilan y clasifican diferentes herramientas TIC de interés para la educación.

Posteriormente, proponemos una **clasificación de las herramientas TIC que pueden ser utilizadas de forma activa por el alumnado** del área de Tecnología durante su proceso de aprendizaje, describimos las herramientas más relevantes de cada tipo y sus características.

En el capítulo 4 se mostrará como estas herramientas pueden ser integradas a la hora de desarrollar los proyectos de taller propios del área en la ESO.

3.1 Clasificaciones de herramientas TIC para la Educación

No existe una clasificación homogénea de las herramientas y recursos facilitados por las nuevas tecnologías con aplicaciones educativas. Sin embargo, la mayoría se centra en el proceso de enseñanza-aprendizaje y, en particular, en lo que el alumno hace mientras tiene lugar el aprendizaje.

Así por ejemplo, algunas investigaciones analizan la aplicación de dichas herramientas para la educación en general. Un ejemplo de ello es el catálogo creado y dirigido por el profesor Cuesta de la Universidad de Vigo (Cuesta, 2010). La multitud de herramientas que describen han sido clasificadas en 21 categorías como se muestra en la Figura 6.

Figura 6. Herramientas de la Web 2.0 (Cuesta, 2010)

Otra clasificación es la propuesta por Bernal (2009) quién propone una clasificación basada en tres categorías solamente:

- **Comunicación.** En esta categoría se recopilan herramientas que favorecen y fomentan la comunicación: Redes sociales, microblogging, mensajería instantánea y videoconferencia.
- **Creación y publicación de contenidos.** Esta categoría posee una serie de herramientas que permiten el diseño, creación y posterior publicación de contenidos propios o ajenos en Internet: Blog-videoblog, wiki, vídeo, imagen, podcast, mapas, ofimática colaborativa y documentos compartidos.
- **Gestión de la información.** Esta categoría recopila herramientas que permiten gestionar y organizar información de Internet de una manera sencilla: Agregadores de noticias, marcadores sociales, referencias y lectores de información RSS, buscadores especializados y escritorios personalizados.

Otros autores como Pontes (2005a), se han centrado en analizar las funciones que pueden desempeñar las TIC en la educación científica tanto en la enseñanza secundaria como en la universitaria. Pontes distingue entre el papel que juegan las TIC en la formación de estudiantes de ciencias y en la formación del profesorado. Este autor realiza una clasificación de los tipos de recursos TIC que puede utilizar el profesorado de ciencias experimentales, en la que distingue entre:

- *Recursos informáticos de **propósito general**, que son aplicaciones informáticas que pueden ser útiles para todo tipo de usuarios de ordenador, entre las que destacan las aplicaciones ofimáticas (procesadores de texto, hojas de cálculo, presentaciones, gestores de correo electrónico, edición y diseño de páginas web, etc.)*
- *Programas específicos de **enseñanza de las ciencias asistida por ordenador**, que consisten en la utilización de programas diseñados específicamente para instruir y orientar al alumnado sobre aspectos concretos de una materia (tutoriales interactivos, simulaciones y laboratorios virtuales, sistemas adaptativos multimedia, etc.)*

En cuanto a sus posibles funciones educativas, Pontes (2005b) describe cómo pueden ser utilizados los diversos recursos informáticos por el **profesorado**:

- *durante el proceso de planificación de la enseñanza y en el desarrollo de materiales didácticos: para elaborar apuntes y exámenes, diseñar páginas web,...*
- *en la clase de ciencias o en el laboratorio: explicaciones del profesor utilizando presentaciones, exposición de trabajos de los alumnos, realizar experiencias virtuales, autoevaluación...*

En cuanto a las posibles funciones educativas para el **alumnado**, sugiere que tanto en casa como en el centro escolar, pueden utilizarlos para búsqueda de información, autoevaluación, participación en foros, realización de trabajos en grupo usando el correo electrónico., etc.

En un mayor nivel de concreción de aplicación de las TIC a la educación científica, Ojeda (2008) realiza una clasificación de las herramientas TIC de utilidad para la **Educación Ambiental** en **Educación Secundaria**. Según Ojeda, los usos que los educadores ambientales hacen de las TIC, se pueden agrupar en varios campos:

1. Comunicación.
2. Búsqueda de información en general.
3. Búsqueda de información dirigida.
4. Formas de expresión.
5. Ordenar información.
6. Trabajo colaborativo.

7. Diseño de materiales con herramientas de autor.
8. Gestionar las clases.
9. Crear entornos de aprendizaje.
10. Simular y modelizar.

Para cada uno de dichos campos, Ojeda realiza un análisis de los múltiples recursos existentes que se ofrecen a los educadores ambientales con el uso de las TIC.

3.2 Principales fuentes documentales

La labor de búsqueda de herramientas TIC con aplicación al área de Tecnología en la ESO, se ha llevado a cabo principalmente en los sitios Web donde diferentes autores recopilan y clasifican diferentes herramientas TIC con aplicaciones educativas.

Clasificadas según su origen, las fuentes documentales principales consultadas han sido:

- Internacionales:
  - *Top 100 Tools for Learning 2010 List:*
    http://www.c4lpt.co.uk/recommended/top1002010.html

    Clasificación realizada cada año por el *Centre for Learning & Performance Technologies (C4LPT)* con más de 2000 herramientas para la educación y el trabajo.

  - *Directory of learning Tools 2011, Social Learning Tools for the School Classroom (ages 5- 18):* http://www.c4lpt.co.uk/Directory/Tools/classroom.html

    Página especial del directorio del *C4LPT,* dedicada a mostrar herramientas sociales muy útiles para la educación primaria y secundaria (entre 5 y 18 años)

  - *Cool tools for schools*: http://cooltoolsforschools.wikispaces.com

    Es un wiki que recopila todo tipo de herramientas Web 2.0 que pueden ser de aplicación en las escuelas. Lenva Shearing (maestra del *Bucklands Beach Intermediate School*, Auckland, Nueva Zelanda) es la creadora del wiki y semanalmente actualiza su contenido.

  - *A Free Learning Tool for Every Learning Problem?:*
    http://zaidlearn.blogspot.com/2008/04/free-learning-tool-for-every-learning.html

    Es una recopilación de herramientas de aprendizaje gratis para cada problema de aprendizaje elaborado por Zaid Ali (E-Learning Manager y miembro del Centro de Educación Médica de la *International Medical University*.

  - *Open Source Windows*: http://opensourcewindows.org/

    Listado de software libre y de código abierto para Windows. No trata de ser una lista exhaustiva de todas las aplicaciones de código abierto de Windows, sino que trata de mostrar lo mejor, lo más importante y fácil de usar.

  - *Best Online Collaboration Tools 2011*:
    http://www.mindmeister.com/maps/show_public/12213323

    Mapa mental colaborativo actualizado semanalmente por Robin Good, que recopila las que considera mejores herramientas colaborativas online.

- Nacionales:
  - Catálogo de recursos didácticos de la Web 2.0 de Pedro Cuesta:
    http://www.unir.net/wikiweb20/

Catálogo creado y dirigido por el profesor Pedro Cuesta de la Universidad de Vigo, sobre herramientas y experiencias didácticas haciendo uso de la Web educativa 2.0, clasificadas en 21 categorías.

- Repositorio Web 2.0 de Rosa Bernal: http://lunica.weebly.com/index.html

Espacio creado para compartir herramientas Web 2.0 que pueden ser aplicables a la docencia: apoyo para la elaboración de materiales, herramientas de comunicación, colaboración, de aprendizaje y redes sociales. Las herramientas son clasificadas en 14 categorías.

- La Web 2.0 y sus aplicaciones didácticas (Pere Marquès): http://peremarques.net/web20.htm

Recopilación de herramientas de la Web 2.0 con aplicaciones didácticas realizada por el Dr. Pere Marquès Graells, profesor Titular de Tecnología Educativa del Departamento de Pedagogía Aplicada de la Universidad Autónoma de Barcelona (UAB).

- Autonómicas:
  - Lista de aplicaciones de LliureX 10.09 Desktop: http://lliurex.net/home/node/3846

LliureX es una distribución GNU/Linux (un sistema operativo y un conjunto de programas) realizada por la Consejería de Educación de la Generalidad Valenciana cuyo objetivo principal es la introducción de las nuevas tecnologías de la información y la comunicación basadas en software libre en el sistema educativo de la Comunitat Valenciana.

  - Programari útil en educació: http://cent.uji.es/pub/eines#documents

Listado elaborado por el CENT (Centre d'Educació i Noves Tecnologies) de la Universitat Jaume I (UJI) de Castellón. Recoge una serie de programas de escritorio (generalmente multiplataforma) y aplicaciones web que pueden resultar útiles para la creación de materiales docentes. Todas estas herramientas son programas libres y/o gratuitos.

A parte de las principales fuentes documentales citadas, se han utilizado otras formas para localizar información para basar este trabajo:

- Análisis de la literatura publicada acerca de la relación entre la educación (en general) y el uso de las TIC (libros, artículos, tesis doctorales, etc.)
- Análisis de medios virtuales y recursos online (sitios web, blogs, aulas virtuales, redes sociales educativas, etc.) relacionados con el uso de las TIC en contextos educativos.

3.3 Clasificación de herramientas TIC para el alumnado de Tecnología

Al igual que la propuesta de los autores descritos en el apartado 3.1, nuestra clasificación se centra en el proceso de enseñanza-aprendizaje y, en particular, en lo que el alumnado hace mientras tiene lugar el aprendizaje.

Coincidimos con Solano (2010) al afirmar que una de las principales cuestiones que se plantea el profesor para integrar las tecnologías en el ámbito educativo es cómo lograr desarrollar experiencias innovadoras basadas en el uso de las TIC. Para responder a estas preguntas es necesario, en primer lugar, conocer los usos y funciones de estas tecnologías en la enseñanza, y posteriormente, analizar experiencias y buenas prácticas que hayan sido difundidas en Internet.

Así pues, nuestra propuesta investigadora se basa en un análisis de las herramientas TIC que el alumnado de Tecnología tiene a su disposición, clasificándolas y analizando su utilidad en el proceso de enseñanza-aprendizaje del área.

En base a las consideraciones mencionadas, se propone la siguiente **clasificación de las herramientas TIC**:

- *Herramientas para la búsqueda y gestión de la información:* En esta categoría se recopilan herramientas que puede utilizar el alumnado para buscar, gestionar y organizar información de una manera sencilla.
- *Herramientas para la organización y comunicación:* En esta categoría se incluyen una serie de herramientas que el alumnado puede utilizar para organizar su trabajo (individualmente o en equipo) y para comunicarse (con otros alumnos, profesores, etc.) tanto de forma síncrona como asíncrona.
- *Herramientas para la creación de contenidos:* En esta categoría se recopilan herramientas que pueden ser utilizadas por el alumnado para crear contenidos en distintos formatos (texto, presentaciones, pósters, audio, video, etc.).
- *Herramientas para la ejercitación y autoevaluación:* Aquí se incluyen diversos tipos de herramientas como simuladores (eléctricos, mecánicos, pneumáticos, etc.), animaciones en flash y juegos educativos que permiten la ejercitación por parte del alumnado, así como recursos TIC para autoevaluar su propio conocimiento.
- *Herramientas para la expresión y publicación de contenidos:* Como herramientas de expresión, consideramos los blogs y los wiki, herramientas con amplios usos educativos como: diario de trabajo o portfolio del alumnado tanto individual como colectivo, siendo espacios ideales para la recopilación y exposición de trabajos (textos, mapas mentales, videos, etc.), que permiten y favorecen el trabajo colaborativo. Como herramientas para la publicación de contenidos incluimos todas aquellas que permiten la publicación de trabajos en Internet como si se tratara de una editorial, una emisora de televisión, una radio o un periódico.

En la Tabla 5, se detallan las subcategorías en que se pueden subdividir cada una de las categorías propuestas.

Las TIC en el aula de Tecnología. Guía para su aplicación a la metodología de proyectos.

Tabla 5. Clasificación de las herramientas TIC desde el punto de vista del alumnado

CATEGORÍAS	SUBCATEGORÍAS
1. Búsqueda y gestión de la información	1.1 Herram. para buscar información 1.2 Herram. para mantenerse informado 1.3 Herram. para almacenar y ordenar información
2. Organización y comunicación	2.1 Herram. para la organización del trabajo (individual o en equipo) 2.2 Herram. para la comunicación asíncrona 2.3 Herram. para la comunicación síncrona
3. Creación de contenidos	3.1 Herram. para crear contenidos
4. Ejercitación y evaluación	4.1 Herram. para simular y modelizar 4.2 Herram. para autoevaluarse
5. Expresión y publicación de contenidos	5.1 Herram. para expresarse 5.2 Herram. para compartir y publicar información

Cada una de las subcategorías propuesta abarca un conjunto de herramientas y aplicaciones TIC que serán descritas a lo largo de este capítulo.

Obtención de la taxonomía

Para obtener esta taxonomía, nos hemos detenido a analizar los contenidos que se proponen para cada uno de los **bloques de contenidos**, así como los **criterios de evaluación**, que se establecen para cada curso en el currículo de Tecnología de la ESO en la Comunidad Valenciana. La mayoría de los contenidos que no tienen relación con las TIC, en el currículo de Tecnología se expresan en forma conceptual, mientras que la mayoría de los contenidos relacionados con las TIC se expresan en forma procedimental (ver apartado 2.1.4). Es decir, ya **se hace referencia explícita al uso que el alumnado debe realizar de distintas herramientas TIC para buscar información, gestionarla, comunicarse, crear archivos, etc**. En definitiva, al uso que debe hacer de ellas el alumnado en su proceso de aprendizaje de acuerdo con el nuevo paradigma en la Educación (ver Tabla 6).

De esta forma, tal y como se muestra en la Tabla 6, hemos identificado nueve de las once subcategorías propuestas (todas menos la 1.2 y la 4.2). A pesar de no observar ninguna referencia directa a las subcategorías 1.2 y 4.2 en el currículo de Tecnología, hemos decidido incluirlas porque consideramos que son de gran utilidad en el proceso de aprendizaje del alumnado:

- La subcategoría 1.2 (Herramientas TIC para mantenerse informado) puede considerarse como un complemento avanzado de la subcategoría 1.1 (Herramientas TIC para buscar información)
- La subcategoría 4.2 (Herramientas TIC para la autoevaluación) contribuye positivamente en el aprendizaje conceptual de otros bloques de conocimiento distintos del aprendizaje procedimental realizado con las propias TIC.

Estas once subcategorías de herramientas TIC las hemos reordenado en un orden lógico en el que el alumnado las podría utilizar en su proceso de aprendizaje y, finalmente, las hemos agrupado por su afinidad en las cinco categorías generales que proponemos.

Tabla 6. Categorías y subcategorías identificadas a partir del currículo de Tecnología en la Comunidad Valenciana

CATEGORÍA	SUBCATEGORÍA	1º ESO B. de Cont.	1º ESO TIPO DE HERRAMIENTA O USO AL QUE HACE ALUSIÓN	1º ESO C. de Eval.	3º ESO B. de Cont.	3º ESO TIPO DE HERRAMIENTA O USO AL QUE HACE ALUSIÓN	3º ESO C. de Eval.	4º ESO B. de Cont.	4º ESO TIPO DE HERRAMIENTA O USO AL QUE HACE ALUSIÓN	4º ESO C. de Eval.
1. BÚSQUEDA Y GESTIÓN DE LA INFORMACIÓN	1.1 H. para buscar información	8	Herram. básicas para la búsqueda y descarga de la información	5-16	2	Búsqueda de información en bases de datos	8			
	1.2 H. para mantenerse informado	8	Internet y páginas web	5-16						
	1.3 H. para almacenar y ordenar información				2	Creación y actualización de bases de datos	8			
2. ORGANIZACIÓN Y COMUNICACIÓN	2.1 H. para la organización del trabajo				6	Comunidades y aulas virtuales	5			
	2.2 H. para la comunicación asíncrona	8	Correo electrónico	4-5	6	Comunidades y aulas virtuales	17			11
					6	Herram. para la comunicación intergrupal	17			
					6	Foros				
	2.3 H. para la comunicación síncrona	8	chats y otros	4-5	6	Herram. para la comunicación intergrupal	17			11
3. CREACIÓN DE CONTENIDOS	3.1 H. para crear contenidos	1	Procesadores de texto	5	1-2	Hoja de cálculo	4	1	Hoja de cálculo	1
		1	Herramientas para hacer presentaciones	5	2-3	H. básicas para el dibujo vectorial	6	2	H. de diseño asistido por ordenador	4
		3	Herramientas de expresión gráfica	6	3	Aplic. de dibujo asistido por ordenador	9			
					2	Herramientas gráficas	6			
					6	H. para elaboración de páginas web	17			
					8	H. para elaboración de diagramas de flujo	26			
4. EJERCITACIÓN Y EVALUACIÓN	4.1 H. para simular y modelizar	6	Simuladores de mecanismos	21	8	H. para el control de un automatismo por ordenador	12	1-5	Programas y lenguajes de control	14
		7	Simuladores de electricidad y electrónica	21	8	Programación	21	1	H. para la adquisición de datos por ordenador	3
								3	Simuladores de electrónica (analógica y digital)	6
								5	Simuladores de control y robótica	14
								6	Simuladores de neumática e hidráulica	
								8	Simuladores de instalaciones en viviendas	20
	4.2 H. para la autoevaluación									
5. EXPRESIÓN Y PUBLICACIÓN DE CONTENIDOS	5.1 H. para expresarse				6	Blogs, Wikis	17			
	5.2 H. para compartir y publicar información	8	H. y aplicaciones básicas para el intercambio y difusión de la información	17	1	Herramientas para la difusión de información	4-17			

No pretendemos realizar una clasificación exhaustiva de las múltiples herramientas TIC de interés para el alumnado en el proceso de enseñanza-aprendizaje de la Tecnología, sino simplemente mostrar cuáles son sus posibilidades educativas, más aún si tenemos presente el carácter dinámico de Internet que hace que constantemente aparezcan nuevas herramientas y muchas de las existentes se queden obsoletas.

Características analizadas de las herramientas TIC destacadas

Además de clasificar las herramientas TIC en función de sus posibles aplicaciones educativas, se pretende dar un paso más y describir algunas de sus características que consideramos de interés. En concreto, pensamos que el profesorado de Tecnología, en función de la dotación informática de la que disponga (velocidad y tipo de conexión a Internet, sistema operativo, etc.) y en función del nivel al que vaya dirigida su acción docente (dominio del inglés, capacidad para instalar programas de forma autónoma, etc.), considerará interesante conocer:

- La **plataforma** en la que puede ser utilizada: Es decir, si se trata de una aplicación de escritorio (que debe instalarse en cada ordenador) o una aplicación web (que no requiere ningún tipo de instalación, aunque sí requiere disponer de Internet en cada ordenador). En el caso de que sea una aplicación de escritorio, el **Sistema Operativo** (S.O.) para el que está disponible dicha aplicación puesto que en la mayoría de centros educativos lo habitual es trabajar en entornos de Linux (como es el caso de la Comunidad Valenciana, en la que la Consellería de Educación ha desarrollado una distribución en este entorno denominada LliureX), pero el alumnado en su casa trabaja mayoritariamente en entornos de Windows. Para las aplicaciones web no se indica el S.O. puesto que se accede a ellas desde los navegadores webs de cualquier S.O. Algunas herramientas pueden estar disponibles tanto como aplicación web como de escritorio.

- El **coste** de la aplicación. En concreto, si es de pago (comercial) o gratuito (*free*). En el caso de que sea de pago, si existe alguna versión "básica"[4] gratuita (habitualmente, para uso personal o con algunas funcionalidades limitadas) que pueda ser de interés a pesar de sus posibles limitaciones o restricciones, e incluso si existen descuentos[5] especiales para su uso en entornos educativos. La adquisición de licencias para uso en los centros de secundaria es una práctica habitual en los departamentos de Tecnología de algunos centros, que deciden adquirir licencias a su cargo para acceder a recursos como los de www.tecno12-18.com donde se dispone de una amplia selección de contenidos que se presentan en forma de mini unidades didácticas (muy gráficas e interactivas) que tratan aspectos puntuales del currículum de Tecnología de la ESO. En algunas comunidades autónomas como Aragón, es incluso la administración educativa quién financia el acceso a dichos recursos para todos sus centros educativos. Tampoco hay que olvidar que las administraciones educativas autonómicas también pueden adquirir licencias de programas que consideren de interés aunque sean comerciales, para dotación de los centros educativos.

- El **idioma** en el que está disponible la aplicación: si está disponible en español o como suele ser frecuente, sólo lo está en inglés.

- Si es necesario el **registro** por parte del usuario (alumnado) para su uso. Creemos que esto es de especial interés si es el profesorado quien tiene que gestionar las cuentas de acceso de su alumnado a las distintas aplicaciones, con el fin de evitar que éstos olviden sus usuarios y claves de acceso.

---

[4] Se indica en la columna GRATIS, mediante una B (de "Básica")
[5] Se indica en la columna DE PAGO, mediante una D (de "Descuento")

- Si permite o no el **trabajo colaborativo**, entendido como que varios alumnos, desde ordenadores diferentes, puedan **tener acceso o trabajar a la vez sobre un mismo archivo** (documento de texto, presentación, etc.). Consideramos que es importante conocer esta característica **entre las herramientas TIC para la creación de contenidos**, debido a su carácter motivador para el alumnado, habituado a trabajar con el ordenador de forma individualizada. Sin embargo, no debemos olvidar que cualquier herramienta que permita la comunicación, compartir información, organizarse o expresarse, puede ser utilizada por el alumnado para colaborar o ayudarse (definición más habitual de "trabajo colaborativo"). Por este motivo, también marcamos como colaborativas a estos tipos de herramientas, a pesar de que, como hemos dicho, consideramos especialmente interesante conocer esta característica entre las herramientas TIC que permiten la creación de contenidos.

En este trabajo estamos muy interesados en aquellas herramientas que sean gratuitas o al menos que dispongan de una versión básica gratuita, que sean aplicaciones web y si son de escritorio que sean multiplataforma, que posibiliten el trabajo colaborativo y, a ser posible, que estén disponibles en español.

3.3.1 BÚSQUEDA Y GESTIÓN DE LA INFORMACIÓN

3.3.1.1 Herramientas TIC para buscar información

La búsqueda y almacén de información ha constituido la auténtica razón de ser de Internet. Un **motor de búsqueda**, también conocido como **buscador** es un programa software que busca sitios web basándose en palabras clave (*keywords*) designadas como términos de búsqueda. Los motores de búsqueda crean listados de sitios web utilizando arañas (*spiders*) que rastrean (*crawl*) las páginas web, indexan su información y siguen los enlaces desde ellas hacia otras páginas. Las arañas regresan con frecuencia a los sitios ya rastreados para comprobar actualizaciones o cambios, todo lo que encuentran queda reflejado en la base de datos del motor de búsqueda.

Existen motores de búsqueda que obtienen los resultados de otros múltiples motores de búsqueda. Son los llamados **metabuscadores**. Los metabuscadores permiten a sus usuarios ingresar criterios de búsqueda una sola vez, y acceder a múltiples buscadores de forma simultánea.

También existen **buscadores especializados**, que son herramientas que restringen la búsqueda en la web a aquellos recursos que cumplen una serie de requisitos: tipo de documento (fotos, blogs, videos, libros, artículos, etc.), materia (ciencia, humanidades, etc.) o nivel de la información (documentación de carácter científico y académico).

Un **Directorio Web** organiza los sitios web por temas, y normalmente se mantienen por personas y no mediante software, por lo que sus bases de datos son menores que las de los motores de búsqueda. El usuario accede a las páginas web organizadas por categorías y menús. Cualquier persona puede sugerir un enlace en una categoría determinada, que luego ha de ser aprobada por un editor.

Un tipo especial de directorios web de gran interés para el área de Tecnología son los **portales de recursos para Tecnología**, donde distintas instituciones, profesores de Tecnología, etc., recopilan gran cantidad de información (apuntes, actividades, enlaces a sitios web, etc.) clasificada habitualmente por temas (electricidad, mecanismos, energía, etc.).

Otro tipo de recurso TIC de interés para la búsqueda de información son las **Enciclopedias virtuales**, siendo cada vez más frecuentes las elaboradas colaborativamente (tanto si disponen de editores que revisen las distintas aportaciones de los usuarios, como si no).

Las TIC en el aula de Tecnología. Guía para su aplicación a la metodología de proyectos.

En la Tabla 7, se muestran las herramientas TIC destacadas para buscar información.

Tabla 7. Herramientas TIC destacadas para buscar información

TIPO DE HERRAMIENTA	HERRAMIENTA	SITIO WEB	PLATAFORMA		S.O.			COSTE		DISPONIBLE EN ESPAÑOL	REQUIERE REGISTRARSE	ES COLABORATIVA
			Escritorio	Web	Windows	Linux	Mac Os X	Gratis	De pago			
Motores de búsqueda	Google	http://www.google.es		X				X		X		
	Yahoo! Search	http://www.search.yahoo.com		X				X		X		
	Bing	http://www.bing.com		X				X		X		
Metabuscadores	Aleyares	http://www.aleyares.com		X				X		X		
	IxQuick	http://www.ixquick.com		X				X		X		
Buscadores especializados	FlickrCC (fotos con licencia Creative Commons)	http://flickrcc.net		X				X				
	Jamendo (música libre)	http://www.jamendo.com/es		X				X		X		
	Youtube (videos)	http://www.youtube.es		X				X		X		
	Technorati (blogs)	http://technorati.com		X				X		X[6]		
	CC Search (contenidos Creative Commons)	http://search.creativecommons.org		X				X				
Directorios web	Open directory Project	http://www.dmoz.es		X				X		X		
	Portales de recursos de Tecnología											
	AraTecno	http://www.catedu.es/aratecno		X				X		X		
	Area tecnologia	http://www.areatecnologia.com		X				X		X		
	PortalESO	http://www.portaleso.com		X				X		X		
	Tecnología ESO y Bachillerato	http://fermoya.com/index.php		X				X		X		
Enciclopedias virtuales	Wikipedia	http://es.wikipedia.org		X				X		X		
	Kalipedia	http://www.kalipedia.com		X				X		X		
	Mecapedia	http://www.mecapedia.uji.es		X				X		X		

Otras herramientas

Motor de búsqueda: http://es.ask.com/

Metabuscador: http://www.metacrawler.com/

Portal de recursos de Tecnología: http://www.lavirtu.com

Enciclopedia virtual (*Visual Dictionary Online*):http://visual.merriam-webster.com/index.php

Enciclopedia virtual: http://www.laenciclopedia.com

Enciclopedia virtual: http://www.ambientum.com/enciclopedia/enciclopedia.htm

Enciclopedia virtual: http://en.citizendium.org/

---

[6] Próximamente.

3.3.1.2 Herramientas TIC para mantenerse informado

Los **lectores RSS** (también llamados **agregadores**) son un tipo de software que va extrayendo, cada cierto tiempo, las últimas actualizaciones de las páginas web a las que uno se ha suscrito (el tiempo cada cuanto extrae las noticias, lo configura el propio usuario). El agregador reúne las noticias o historias publicadas en los sitios con redifusión web elegidos, y muestra las novedades o modificaciones que se han producido en esas fuentes web; es decir, avisa de qué webs han incorporado contenido nuevo desde nuestra última lectura y cuál es ese contenido. Así el usuario no busca la información, sino que esta se le muestra. En este proceso de "redifusión web" (también denominado "sindicación") cabe distinguir los siguientes elementos:

- La "fuente web", que es el canal que proporciona la información a los suscriptores.
- Los *"feeds"*, que son ficheros en formato XML que contienen la información que se distribuye desde la fuente web hasta el usuario. Aunque los archivos de información están escritos en lenguaje XML, se han desarrollado dos estándares específicos para la redifusión web: RSS (*Really Simple Sindication*) y Atom.
- Los "lectores RSS", que hacen la función de recolectores y notifican al usuario de nuevos contenidos de forma automática, al actualizarse estos en las fuents web. Los lectores RSS pueden ser de tres tipos: integrados en el navegador, los agregadores web que no requieren instalación alguna en el ordenador, sino simplemente registrarse en la aplicación y los agregadores de escritorio que se tienen que instalar en el ordenador.

Una **página de inicio** es un sitio Web o página que pretende organizar enlaces o información para el usuario cuando se inicia un navegador web (información como noticias, la prensa del día, un calendario, una agenda, un blog de notas, etc. y casi cualquier cosa). También reciben información agregada como feeds RSS.

Los **receptores de Podcasts** son un tipo especial de lectores RSS para agregar archivos de audio o video (*podcasts*) a los que el usuario se subscriba.

Uno de los posibles usos para el alumnado de estos tipos de herramientas podría ser utilizarlas para mantenerse informado de las distintas tareas, actividades, fechas de exámenes, etc., propuestas por el profesor en un blog de aula así como recibir actualizaciones de sus blogs/webs favoritas.

En la Tabla 8 se muestran las herramientas TIC destacadas de esta subcategoría.

Las TIC en el aula de Tecnología. Guía para su aplicación a la metodología de proyectos.

Tabla 8. Herramientas TIC destacadas para mantenerse informado

TIPO DE HERRAMIENTA	HERRAMIENTA	SITIO WEB	PLATAFORMA		S.O.			COSTE		DISPONIBLE EN ESPAÑOL	REQUIERE REGISTRARSE	ES COLABORATIVA
			Escritorio	Web	Windows	Linux	Mac Os X	Gratis	De pago			
Lectores RSS	Google Reader	http://www.google.es/reader		X				X		X	X	
	Bloglines	http://www.bloglines.com		X				X		X	X	
	FeedReader	http://www.feedreader.com	X		X			X		X	X	
Páginas de inicio	iGoogle	http://www.google.es/ig		X				X		X	X	
	Netvibes	http://www.netvibes.com/es		X				X		X	X	
Receptores de Podcasts	Juice	http://juicereceiver.sourceforge.net	X		X	X	X	X				
	Songbird	http://songbird.es	X		X	X	X	X		X		
	gPodder	http://gpodder.org	X		X	X	X	X				

Otras herramientas

Lector RSS (Linux): http://liferea.sourceforge.net

Lector RSS: http://www.feedly.com/

Lector RSS: http://rssfeedreader.com/

Lector RSS: http://www.feedonsite.com/

Lector RSS: http://www.feedagg.com/

Lector RSS: http://alesti.org/

Página de inicio: http://www.iniciolive.com/

Página de inicio: http://www.alefo.com/

Página de inicio: http://start.io/

Receptor de podcasts: http://www.apple.com/es/itunes

3.3.1.3 Herramientas TIC para almacenar y ordenar información

Las **herramientas de almacenamiento en la nube** nos permiten disponer de un espacio en la web en el que podremos guardar lo que queramos (actualmente entre 2 y 5 GB de forma gratuita) y con un sistema de directorios a nuestro gusto. Además nos permite compartir con quien queramos todo o parte del contenido (textos, vídeos, música, imágenes, presentaciones, etc.).

Los **marcadores sociales** nos permite guardar de forma online todas las direcciones de nuestros sitios favoritos mediante un sistema de etiquetas para su fácil localización. Algunas de estas aplicaciones nos permiten subrayar párrafos que consideremos interesantes y añadir notas o comentarios en distintos puntos, así como formar comunidades tipo red social, crear foros, enviar mensajes sms o textos a twitter con los enlaces a las páginas que queramos. Este tipo de herramientas TIC también se ha incluido en la subcategoría de herramientas Tic para compartir y publicar contenidos (apartado 0), puesto que el usuario tiene la opción de hacer pública la información guardada en sus marcadores.

Las **herramientas para tomar notas de la web** nos permiten tomar y gestionar todo tipo de notas (escritas por nosotros, capturas de imágenes, capturas parciales o completas de sitios web para su acceso offline, etc.), ya sea a través de la web, a través de clientes de escritorio e incluso a través de dispositivos móviles, de forma que todas las notas que generemos podrán ser sincronizadas entre todos los dispositivos, lo que nos permitirá acceder a ellas independientemente del medio que usemos para su acceso. Todos estos tipos de notas se pueden organizar creando libros de notas, y asignándoles unas etiquetas de forma que podemos realizar búsquedas.

Los **gestores bibliográficos** nos permiten guardar una copia del documento o Web que estemos consultando en ese momento, y crear una referencia bibliográfica acorde con distintos estándares.

Las **herramientas para crear bases de datos** nos permiten almacenar información y realizar operaciones automatizadas con ella (crear y modificar tablas, formularios, consultas e informes).

Hay que destacar que, aunque pudiera parecer lógico incluir en esta subcategoría las herramientas para almacenamiento de información en el servidor del centro, empleando para ello herramientas para crear entornos de aprendizaje (plataformas CMS, LMS, entornos virtuales de enseñanza, etc.), consideramos que este tipo de herramientas requieren una participación activa del profesor. El alumnado no hará uso de ellas a menos que el profesor decida emplearlas. Por tanto, no las hemos incluido en este estudio en el que nos interesamos en el uso de las herramientas TIC en el proceso de enseñanza-aprendizaje desde el punto de vista del alumnado.

En la Tabla 9 se muestran las herramientas TIC destacadas de esta subcategoría.

Tabla 9. Herramientas TIC destacadas para almacenar y ordenar información

TIPO DE HERRAMIENTA	HERRAMIENTA	SITIO WEB	PLATAFORMA		S.O.			COSTE		DISPONIBLE EN ESPAÑOL	REQUIERE REGISTRARSE	ES COLABORATIVA
			Escritorio	Web	Windows	Linux	Mac Os X	Gratis	De pago			
Almacenamiento en la nube	Dropbox	http://www.dropbox.com	X		X	X	X	X[7]		X		X
	Box	http://www.box.net		X				X[8]			X	X
	Esnips	http://www.esnips.com		X				X[8]			X	X
	SkyDrive	https://skydrive.live.com		X				X		X	X[9]	X
Marcadores sociales	Diigo	http://www.diigo.com		X				X		X	X	X
	Del.icio.us	http://delicious.com		X				X			X	X
	Misfavoritos.es	http://www.misfavoritos.es		X				X		X	X	X
Tomar notas de la web	Evernote	http://www.evernote.com	X		X	X		X		X	X	X
	Nevernote	http://nevernote.sourceforge.net	X		X	X	X	X			X	X
Gestores bibliográficos	Zotero	http://www.zotero.org		X				X		X	X	X
Crear bases de datos	OpenOffice.org Base	http://es.openoffice.org	X		X	X	X	X		X		
	MyownDB	http://www.myowndb.com		X				X				

Otras herramientas

Almacenamiento en la nube:

http://www.4shared.com/

Marcadores sociales:

http://www.favoriting.com/

---

[7] Hasta 2GB de almacenamiento gratis.
[8] Hasta 5GB de almacenamiento gratis.
[9] Se requiere una cuenta de Windows Live (Hotmail, Messenger o Xbox LIVE) para registrarse.

Las TIC en el aula de Tecnología. Guía para su aplicación a la metodología de proyectos.

http://www.filedropper.com/

http://www.xmarks.com/

http://rapidshare.com/

3.3.2 ORGANIZACIÓN Y COMUNICACIÓN

3.3.2.1 Herramientas TIC para la organización del trabajo (individual o en equipo)

En esta subcategoría se incluyen herramientas sencillas como **calendarios**, aplicaciones para realizar **diagramas de Gantt** o para realizar **listas de tareas**, así como herramientas más complejas (**gestores de proyectos**) que permiten crear y administrar grupos de trabajo, gestionar proyectos y documentos, fijar objetivos y asignar tareas a usuarios definidos.

En la Tabla 10 se muestran las herramientas TIC destacadas de esta subcategoría.

Tabla 10. Herram. TIC destacadas para la organización del trabajo (individual o en equipo)

| TIPO DE HERRAMIENTA | HERRAMIENTA | SITIO WEB | PLATAFORMA | | S.O. | | | COSTE | | DISPONIBLE EN ESPAÑOL | REQUIERE REGISTRARSE | ES COLABORATIVA |
			Escritorio	Web	Windows	Linux	Mac Os X	Gratis	De pago			
Calendarios	Google calendar	http://www.google.com/calendar		X				X		X	X	X
Diagramas de Gantt	Gantt Project	http://www.ganttproject.biz	X					X		X	X[10]	
Listas de tareas	FolderBoy	http://www.folderboy.com		X				X			X	X
	Toodledo	http://www.toodledo.com		X				X			X	
	Remember the milk	http://www.rememberthemilk.com		X				X		X	X	X
Gestores de proyectos	Edu 2.0	http://www.edu20.org		X				X		X	X	X
	Zoho Projects	http://www.zoho.com/projects		X				X		X	X	X
	dotProject	http://www.dotproject.net		X				X			X	X

Otras herramientas

Gestores de proyectos:

http://www.teamlab.com/es

http://www.iteamwork.com/

3.3.2.2 Herramientas TIC para la comunicación asíncrona

Las redes sociales establecidas a través de Internet tienen como finalidad poner en contacto a personas de diferente procedencia y localización geográfica, pero con intereses comunes. Las **redes sociales** permiten la comunicación entre los usuarios, la organización interna entre los miembros, compartir ficheros, blog personal, foros privados, etc. Actualmente, se pueden encontrar redes sociales que persiguen fines muy variados. Así, las hay generalistas, profesionales (que no son de nuestro interés), educativas, etc. Las **redes sociales educativas** son aquellas que permiten asignar varios tipos de roles a sus miembros: "profesorado" y "alumnado" habitualmente, e incluso en algunos casos "padre". Este tipo de redes nos da la oportunidad de crear nuestra propia red social con todas las opciones de cualquier otra red

---

[10] Sólo si se desea almacenar los diagramas en un servidor del programa.

social, comunicación entre los usuarios, organización interna entre los miembros, compartir ficheros, blog personal, foros privados, etc.

Para solucionar el problema de privacidad a la hora de que el alumnado construya su identidad virtual (generalmente publicando una foto suya) para una red social, podemos utilizar las **herramientas para crear avatares**.

El **microblogging** es un tipo especial de red social que permite a sus usuarios enviar y publicar mensajes breves (alrededor de 140 caracteres), generalmente sólo de texto. Existen aplicaciones de **microblogging educativas** en las que el registro puede ser como profesor o como alumno. Gracias a este tipo de aplicaciones, el profesorado puede mandar mensajes a sus alumnos, individual o colectivamente, para informarles sobre eventos, enlaces interesantes, textos u otro contenido que pueda ser útil para el proceso de aprendizaje. Cada alumno tiene una cuenta propia que les permite establecer un diálogo con sus profesores.

Los foros en Internet también conocidos como foros de mensajes, de opinión o foros de discusión son aplicaciones que dan soporte a discusiones y opiniones en línea sobre temas concretos, permitiendo al usuario poder expresar su idea o comentario respecto al tema tratado. Los **administradores de foros** son las herramientas que nos permiten crear dichos foros. Estas aplicaciones pueden ser utilizadas por el alumnado para plantear dudas sobre algún tema concreto, de forma que el resto de compañeros e incluso cualquier internauta pudiera contestarle.

Las listas de correo (o listas de distribución) son unas aplicaciones que permiten la distribución masiva de información entre múltiples usuarios de Internet en simultáneo, utilizando para ello las direcciones de correo electrónicas de sus miembros. Los **administradores de listas de correo** permiten crear grupos con el listado de los miembros que se quieran suscribir. Este tipo de aplicaciones se usan para enviar ciertos mensajes o anuncios con un contenido de interés general para todos los miembros de la lista.

En la Tabla 11 se muestran las herramientas TIC destacadas para la comunicación asíncrona.

Las TIC en el aula de Tecnología. Guía para su aplicación a la metodología de proyectos.

Tabla 11. Herramientas TIC destacas para la comunicación asíncrona

TIPO DE HERRAMIENTA	HERRAMIENTA	SITIO WEB	PLATAFORMA		S.O.			COSTE		DISPONIBLE EN ESPAÑOL	REQUIERE REGISTRARSE	ES COLABORATIVA
			Escritorio	Web	Windows	Linux	Mac Os X	Gratis	De pago			
	Generales											
Redes sociales	Facebook	http://es-es.facebook.com		X				X		X	X	X
	Tuenti	http://www.tuenti.com		X				X		X	X	X
	gNewBook	http://www.gnewbook.org		X				X		X	X	X
	Educativas											
	redAlumnos	http://www.redalumnos.com		X				X		X	X	X
	SocialGo	http://www.socialgo.com		X				X			X	X
Crear avatares	Voki	http://www.voki.com		X				B[11]	D[12]		X[12]	
	Portrait Illustration Maker	http://illustmaker.abi-station.com/index_en.shtml		X				X				
	Generales											
Microblogging	Twitter	http://twitter.com/#!/twitter_es		X				X		X	X	X
	Picotea	http://picotea.com		X				X		X	X	X
	Jaiku	http://www.jaiku.com		X				X			X	X
	Educativos											
	Edmodo	http://www.edmodo.com		X				X		X	X	X
	Diipo	http://diipo.net		X				X			X	X
Administradores de foros	esforos.com	http://esforos.com		X				X		X	X	X
Administradores de listas de correo	Google grupos	http://groups.google.com		X				X		X	X	X
	eListas.net	http://www.elistas.net		X				X		X	X	X

Otras herramientas

Redes sociales:

http://www.ning.com/

http://www.academia.edu/

http://elgg.org/

http://www.e-learningsocial.com/

Microblogging:

http://identi.ca

http://rstat.us

http://www.tumblr.com/

http://www.twitdoc.com/

http://www.kwippy.com/

---

[11] Dispone de versión gratis para uso personal.
[12] Existe una versión de pago para uso en educación, en la que sólo se requiere registro del profesor.

3.3.2.3 Herramientas TIC para la comunicación síncrona

En esta subcategoría podemos distinguir entre herramientas que permiten el diálogo escrito (**chats**), hablado (aplicaciones para **llamadas por VoIP**) e incluso la visualización cara a cara (**videoconferencia**). Un tipo especial de herramienta que permite la comunicación de forma síncrona son las denominadas **pizarras compartidas**, que permiten realizar anotaciones textuales e incluso gráficas (de ahí su potencial uso en educación), en forma simultánea con otros usuarios.

En la Tabla 12 se muestran las herramientas TIC destacadas para la comunicación síncrona.

Tabla 12. Herramientas TIC destacadas para la comunicación síncrona

TIPO DE HERRAMIENTA	HERRAMIENTA	SITIO WEB	PLATAFORMA		S.O.			COSTE		DISPONIBLE EN ESPAÑOL	REQUIERE REGISTRARSE	ES COLABORATIVA
			Escritorio	Web	Windows	Linux	Mac Os X	Gratis	De pago			
Chats	Google Talk	http://www.google.com/talk		X				X		X	X[13]	X
	Meebo	http://www.meebo.com		X				X			X	X
Llamadas por VoIP	Google Talk	http://www.google.com/talk		X[14]				X		X	X	X
	Skype	http://www.skype.com	X		X	X	X	B		X	X	X
Videoconferencia	FlashMeeting	http://flashmeeting.e2bn.net		X				X			X	X
	Google Talk	http://www.google.com/talk		X[14]				X		X	X	X
Pizarra compartida (Whiteboard)	Vyew	http://vyew.com/s		X				X			X	X
	Dabbleboard	http://www.dabbleboard.com		X				X			X[15]	X

Otras herramientas

Chat:

http://www.chatterous.com/

http://campfirenow.com/

Llamadas por voIP:

https://voxli.com/

http://www.voxox.com/

Videoconferencia:

http://www.oovoo.com

Pizarra compartida:

http://www.twiddla.com

http://depicto.com/

http://www.talkandwrite.com

---

[13] Se requiere un usuario de gmail para registrarse.
[14] Para las llamadas de voz y las videoconferencias se requiere la instalación de un complemento de video.
[15] Sólo si se desea trabajar colaborativamente con otros usuarios.

3.3.3 CREACIÓN DE CONTENIDOS

3.3.3.1 Herramientas TIC para crear contenidos

En esta subcategoría se incluyen todas aquellas herramientas que permiten crear archivos o documentos en distintos formatos. Algunas como las de creación de texto, presentaciones, archivos de audio o video, pósters, mapas mentales y/o mapas conceptuales, etc., son muy populares en educación. Otras no tanto (herramientas para añadir subtítulos a videos, crear formularios o líneas de tiempo). En el área de Tecnología son de especial interés otro tipo de herramientas: las que permiten crear hojas de cálculo, crear gráficos, diagramas o dibujos vectoriales (tanto en 2D como 3D). Algunas de estas herramientas permiten también la publicación del archivo creado en Internet.

En la Tabla 13 se muestran las herramientas TIC destacadas para crear contenidos.

Tabla 13. Herramientas TIC destacadas para crear contenidos

TIPO DE HERRAMIENTA	HERRAMIENTA	SITIO WEB	PLATAFORMA		S.O.			COSTE		DISPONIBLE EN ESPAÑOL	REQUIERE REGISTRARSE	ES COLABORATIVA
			Escritorio	Web	Windows	Linux	Mac Os X	Gratis	De pago			
	Suites ofimáticas											
Crear documentos de ofimática (textos, hojas de cálculo y presentaciones)	OpenOffice.org	http://es.openoffice.org	X		X	X	X	X		X		
	Google Docs	http://docs.google.com		X				X		X	X	X
	Office Web Apps	http://office.microsoft.com/es-es/web-apps		X				X		X	X	X
	ThinkFree	http://www.thinkfree.com		X				X		X	X	X
	Zoho	http://www.zoho.com		X				X		X	X	X
	Crear textos											
	AbiWord	http://www.abisource.com	X		X	X	X	X				
	Crear hojas de cálculo											
	Num Sum	http://numsum.com		X				X			X	X
	EditGrid	http://www.editgrid.com		X				X		X	X	X
	Crear presentaciones											
	Prezi	http://prezi.com		X				X			X	
	280Slides	http://www.280slides.com		X				X			X	
	Empressr	http://www.empressr.com		X				X			X	
Crear mapas mentales	IHMC CmapTools	http://cmap.ihmc.us	X		X	X	X	X		X		
	Mindmeister	http://www.mindmeister.com/es										
	FreeMind	http://freemind.sourceforge.net/wiki/index.php/Main_Page	X		X	X	X	X				
Crear gráficos y diagramas	Gliffy (online)	http://www.gliffy.com		X				B				
	Project Draw	http://draw.labs.autodesk.com/ADDraw/draw.html		X				X				
	2D											
Crear dibujos vectoriales	QCAD	http://www.ribbonsoft.es	X		X	X	X	X[16]		X	X	
	CadStd Lite	http://www.cadstd.com	X		X			B				
	DraftSight	http://www.3ds.com/es/products/draftsight/free-cad-software	X		X	X	X	X		X		

---

[16] QCAD fue gratis hasta la versión 1.5.1. La versión actual 2.0.5 (18/7/2011) está incluida en la lista de aplicaciones de LliureX (distribución GNU/Linux de la Consellería d'Educació de la Genaralitat Valenciana).

TIPO DE HERRAMIENTA	HERRAMIENTA	SITIO WEB	PLATAFORMA		S.O.			COSTE		DISPONIBLE EN ESPAÑOL	REQUIERE REGISTRARSE	ES COLABORATIVA
			Escritorio	Web	Windows	Linux	Mac Os X	Gratis	De pago			
		3D										
	Google SketchUp	http://sketchup.google.com	X		X			X		X		
Editar imágenes	Gimp	http://www.gimp.org.es	X		X	X	X	X		X		
	Picnik	http://www.picnik.com		X				X		X		
Crear archivos de audio	Audacity	http://audacity.sourceforge.net	X		X	X	X	X		X		
		Convertir texto en audio (Text to Speech)										
	Voki	http://www.voki.com		X				B				
	Loquendo TTS	http://www.loquendo.com/es/dem o-center/demo-tts-interactiva						B				
		A partir de fotos										
	Animoto	http://animoto.com		X				B			X	
Crear videos	Windows Movie Maker	http://www.microsoft.com/spain/w indowsxp/using/moviemaker/defau lt.mspx	X		X			X		X		
		Grabación de pantalla del PC										
	Camstudio	http://camstudio.es	X		X	X		X				
	Wink	http://www.debugmode.com/wink	X		X	X		X				
Subtitular videos	Universal Subtitles	http://www.universalsubtitles.org		X				X			X	
	Overstream	http://www.overstream.net		X				X			X	
	dotSUB	http://dotsub.com		X				X			X	
Crear posters	Glogster EDU	http://edu.glogster.com		X				X			X	
Crear formularios	Google Docs Formularios	http://www.google.com/google-d s/intl/es/forms		X				X		X	X	X
Crear líneas de tiempo	Dipity	http://www.dipity.com		X				B			X	X
	Timetoast	http://www.timetoast.com		X				X			X	
	Xtimeline	http://www.xtimeline.com		X				X			X	
Crear páginas web	Google Sites	http://sites.google.com		X				X		X	X	X
	Wix	http://es.wix.com		X				X			X	

Otras herramientas

Crear documentos de texto:

http://goffice.com/

http://xywrite.it/

Crear presentaciones:

http://www.sliderocket.com/

http://www.slidepresenter.com

Crear mapas mentales:

http://www.mind42.com

http://www.spiderscribe.net

http://www.xmind.net/

http://creately.com/

Crear gráficos y diagramas: http://www.flowchart.com/

Crear video: http://www.techsmith.com/camtasia

Crear líneas de tiempo (español): http://timerime.com/es/

3.3.4 EJERCITACIÓN Y AUTOEVALUACIÓN

3.3.4.1 Herramientas TIC para simular y modelizar

Los **simuladores** son aplicaciones que permiten simular un determinado proceso como si fuera real. Para el área de Tecnología son de gran interés los simuladores eléctricos y electrónicos, los mecánicos y los de neumática e hidráulica.

Las **animaciones** en *Java* o *flash* son un tipo de animación que emplea gráficos vectoriales (esto permite que puedan crearse largas y completas animaciones que ocupan pocos bytes, lo cual las convierte en ideales para la web). Las animaciones flash pueden ser visualizadas a través de un navegador web (lo cual puede requerir la instalación de algún *plug-in*), incluso antes de que el archivo flash sea totalmente descargado (en *streaming*). Lo interesante de este tipo de animaciones es que permiten la interacción con el usuario.

A pesar de que el alumnado podría llegar a utilizar herramientas para crear sus propias animaciones, consideramos mucho más útil para su aprendizaje la visualización de las animaciones existentes relacionadas con temas del currículo de Tecnología (electricidad, mecanismos, centrales eléctricas, instalaciones en viviendas, etc.).

Los **lenguajes de programación** y las **herramientas de control y robótica** pueden utilizar un lenguaje compilado o un lenguaje interpretado. Los lenguajes de programación compilados tienen la ventaja de producir archivos ejecutables que pueden abrirse en cualquier ordenador personal, pero, a cambio, el programa debe ser compilado antes de ser probado. Los lenguajes interpretados producen archivos que deben ser traducidos por otro programa intérprete o máquina virtual, que debe estar ejecutándose en el mismo ordenador. Esto es una limitación en cuanto a la portabilidad del fichero. A cambio, nos permite probar cada instrucción o grupo de instrucciones para comprobar si produce los resultados imaginados.

Los lenguajes de programación más adecuados para el alumnado de Secundaria son los interpretados ya que permiten escribir una instrucción o un procedimiento y probarlos.

Los **videojuegos educativos** son una nueva generación de videojuegos que aprovecha esta tecnología como herramienta educativa. Relacionados con el área de Tecnología podemos destacar los relacionados con el tema de estructuras (construcción de puentes) y los relacionados con temas de energía (generación y distribución de electricidad).

En la Tabla 14 se muestran las herramientas TIC destacadas de esta subcategoría.

Tabla 14. Herramientas TIC destacadas para simular y modelizar

TIPO DE HERRAMIENTA	HERRAMIENTA	SITIO WEB	PLATAFORMA		S.O.			COSTE		DISPONIBLE EN ESPAÑOL	REQUIERE REGISTRARSE	ES COLABORATIVA
			Escritorio	Web	Windows	Linux	Mac Os X	Gratis	De pago			
Simuladores	**Eléctricos y electrónicos**											
	Yenka Technology	http://www.yenka.com/technology	X		X	X	X	X [17]	D			
	Oregano	http://oregano.softonic.com/linux	X			X						
	Electrónica digital											
	WinBread Board	http://www.yoeric.com/breadboard.htm	X		X		X	B	X			
	Logisim	http://ozark.hendrix.edu/~burch/logisim/index_es.html	X		X	X	X	X			X	
	Logic.ly	http://logic.ly	X		X	X	X	B	X			
	Karnaugh Map Explorer	http://www.ee.calpoly.edu/media/uploads/resources/KarnaughExplorer_1.html		X				X				
	Mecánicos											
	Yenka Technology	http://www.yenka.com/technology	X		X	X	X	X [17]	D			
	Yenka Gears	http://www.yenka.com/en/Yenka_Gears	X		X	X	X	X	D			
	Relatran	http://personales.ya.com/jdellunde/relaan.htm	X		X			X		X		
	Neumáticos e hidraulicos											
	Pneumatic Sim	http://perso.wanadoo.es/mabopa/index.htm	X		X			X		X		
	Logiclab	http://www.logiclab.hu		X				X				
Animaciones	Eroski consumer	http://www.consumer.es/infografias		X				X		X	
	Escuela 2.0 - Junta de Extremadura	http://recursos.educarex.es/escuela2.0/tecnologia.html		X				X		X	
	elmundo.es	http://www.elmundo.es/graficos/multimedia		X				X		X	
	Andalucía Investiga	http://www.andaluciainvestiga.com/espanol/cienciaAnimada/cienciaAnimada.asp		X				X		X	
	Ente Vasco de la Energía	http://www.eve.es/web/Documentacion/Infografias.aspx		X				X		X	
	Discovery Channel	http://www.tudiscovery.com/experiencia/infografias.shtml		X				X		X	
	Interactive simulations	http://phet.colorado.edu/en/simulations/translated/es		X				X		X	
	Absorb Advanced Physics	http://www.absorblearning.com/media/search.action#search		X				X		X	
	Mechanisms	http://www.technologystudent.com/cams/camdex.htm		X				X		X	
	Los mecanismos	http://concurso.cnice.mec.es/cnice2006/material022/index.html		X				X		X	

---

[17] Para uso personal en casa.

Las TIC en el aula de Tecnología. Guía para su aplicación a la metodología de proyectos.

TIPO DE HERRAMIENTA	HERRAMIENTA	SITIO WEB	PLATAFORMA		S.O.			COSTE		DISPONIBLE EN ESPAÑOL	REQUIERE REGISTRARSE	ES COLABORATIVA
			Escritorio	Web	Windows	Linux	Mac Os X	Gratis	De pago			
Lenguajes de programación, control y robótica	MSWLogo	http://www.matedu.cinvestav.mx/~asacristan/mswlogoes.htm	X		X	X	X	X		X		
	XLogo	http://xlogo.tuxfamily.org/	X		X	X	X	X		X		X
	Robomind	http://www.robomind.net/es/index.html	X		X	X	X	X		X		
	KTurtle	http://edu.kde.org/kturtle	X		X	X	X	X				
Videojuegos educativos	Estructuras: Construcción de puentes											
	Cargo Bridge	http://www.physicsgames.net/game/Cargo_Bridge.html		X				X				
	Bridgecraft	http://www.candystand.com/play/bridgecraft		X				X				
	West Point Bridge Designer	http://bridgecontest.usma.edu		X				X				
	Energía: Generación de electricidad											
	Enercities	http://www.enercities.eu		X				X				
	WindFall	http://habilidad.isladejuegos.es/windfall.html		X				X				

3.3.4.2 Herramientas TIC para la autoevaluación

En esta subcategoría se incluyen los recursos TIC disponibles para que el alumnado autoevalúe su propio conocimiento de los distintos contenidos de Tecnología de forma *online*. Aunque el alumnado también podría hacer uso de las herramientas TIC que permiten la creación de este tipo de ejercicios autocorregidos, pensamos que este uso es más propio del profesorado que del alumnado (Tabla 15).

Tabla 15. Herramientas TIC destacadas para la autoevaluación

TIPO DE HERRAMIENTA	HERRAMIENTA	SITIO WEB	PLATAFORMA		S.O.			COSTE		DISPONIBLE EN ESPAÑOL	REQUIERE REGISTRARSE	ES COLABORATIVA
			Escritorio	Web	Windows	Linux	Mac Os X	Gratis	De pago			
Ejercicios de autoeval. online	Recopilación de ejercicios de autoevaluación online de distintos temas de Tecnología											
	Area Tecnología	http://www.areatecnologia.com/Ejercicios-online-tecnologia.htm		X				X		X		
	Ejercicios de autoeval. online de "máquinas y mecanismos"											
	MecanESO	http://concurso.cnice.mec.es/cnice2006/material107/index.htm		X				X		X		

3.3.5 EXPRESIÓN Y PUBLICACIÓN DE CONTENIDOS

3.3.5.1 Herramientas TIC para expresarse

Los **blogs** o **weblogs** (**diario web** o **bitácora** en español) son sitios web periódicamente actualizados que recopilan cronológicamente textos o artículos de uno o varios autores, apareciendo primero el más reciente, que permiten que cualquiera pueda expresar ideas y poner contenidos a disposición de otros en la Web de una manera sencilla. Suelen disponer de un sistema de comentarios que permiten a los lectores establecer una conversación con el autor y entre ellos acerca de lo publicado. En la actualidad son ampliamente utilizados en ámbitos educativos: blogs de centro, de departamento, de aula, del profesor, del alumno, blog colectivo de alumnos, etc.

Un **wiki** es un espacio para la publicación y edición de contenidos web basados en hipertexto de forma colaborativa. La aplicación más común de las wikis en entornos educativos es la puesta en común de conocimientos o textos elaborados colaborativamente por el alumnado. Según la función que desempeñan de forma prioritaria, podemos encontrar diversos tipos de wikis: de centro, de aula, de la asignatura, personales (portfolio), de actividad, monográficos, etc.

En la Tabla 16 se muestran las herramientas TIC destacadas para expresarse.

Tabla 16. Herramientas TIC destacadas para expresarse

TIPO DE HERRAMIENTA	HERRAMIENTA	SITIO WEB	PLATAFORMA		S.O.			COSTE		DISPONIBLE EN ESPAÑOL	REQUIERE REGISTRARSE	ES COLABORATIVA
			Escritorio	Web	Windows	Linux	Mac Os X	Gratis	De pago			
Crear blogs	Edublogs	http://edublogs.org		X	X	X	X	X		X	X	X
	Blogger	http://www.blogger.com		X	X	X	X	X		X	X	X
	WordPress	http://es.wordpress.org	X		X	X	X	X		X		X
Crear wikis	Wikispaces	http://www.wikispaces.com		X				X		X	X	X
	Google Sites	http://sites.google.com		X				X		X	X	X
	Mediawiki	http://www.mediawiki.org	X		X	X	X	X		X	X	X

Otras herramientas

Crear Blogs:

http://blogspot.es

http://www.typepad.com

Crear Wikis:

http://info.tiki.org

http://atwiki.com/

http://bluwiki.com

Las TIC en el aula de Tecnología. Guía para su aplicación a la metodología de proyectos.

3.3.5.2 Herramientas TIC para compartir y publicar información

En esta subcategoría se incluyen las múltiples herramientas que permiten la publicación en Internet de documentos en diversos formatos como texto, presentaciones, fotos, video, audio, etc.

Además, se incluyen también los **marcadores sociales** ya que nos permiten compartir de forma online todas las direcciones guardadas de nuestros sitios favoritos mediante un sistema de etiquetas para su fácil localización, así como formar comunidades tipo red social, crear foros, enviar mensajes sms o textos a twitter con los enlaces a las páginas que queramos.

En la Tabla 17 se muestran las herramientas TIC destacadas de esta subcategoría.

Tabla 17. Herramientas TIC destacadas para compartir y publicar información

TIPO DE HERRAMIENTA	HERRAMIENTA	SITIO WEB	PLATAFORMA		S.O.			COSTE		DISPONIBLE EN ESPAÑOL	REQUIERE REGISTRARSE	ES COLABORATIVA
			Escritorio	Web	Windows	Linux	Mac Os X	Gratis	De pago			
Marcadores sociales	Diigo	http://www.diigo.com		X				X		X	X	X
	Del.icio.us	http://delicious.com		X				X			X	X
	Misfavoritos.es	http://www.misfavoritos.es		X				X		X	X	X
Comp. y publ. documentos en formato flash	Scribd	http://es.scribd.com		X				X		X	X	
	Issuu	http://issuu.com		X				X			X	
	Calameo	http://es.calameo.com		X				X		X	X	
Comp. y publ. presentaciones	slideshare	http://www.slideshare.net		X				X			X	
	SlideBoom	http://www.slideboom.com		X				X			X	
Comp. y publ. fotos	Picasa	http://picasaweb.google.es		X				X		X	X	
	Fotolog	http://www.fotolog.com		X				X			X	
	Flickr	http://www.flickr.com		X				X		X	X	
Comp. y publ. videos	Youtube	http://www.youtube.com		X				X		X	X	
	Vimeo	http://vimeo.com		X				X			X	
	TeacherTube	http://www.teachertube.com		X				X			X	
	JW Player (en streaming)	http://www.longtailvideo.com/players/jw-flv-player		X				X			X	
Comp. y publ. Podcasts	Podomatic	http://www.podomatic.com		X				X			X	
	Easypodcast	http://www.easypodcast.com	X		X	X		X		X	X	
	Poderator	http://poderator.com		X				X			X	
	Podbean	http://www.podbean.com		X				X			X	

Otras herramientas

Marcadores sociales:

http://www.favoriting.com/

http://www.xmarks.com/

Comp. y publicar presentaciones:

http://www.myplick.com/

http://www.powerbullet.com/

http://podadmin.sourceforge.net/

Comp. y publicar fotos:

http://www.fotobabble.com/

http://imageshack.us/

Comp. y publicar video:

https://www.flipshare.com

Comp. y publicar podcasts:

Capítulo 4

Propuesta para la aplicación de las TIC en el desarrollo de proyectos de Tecnología

Contenido

Propuesta para la aplicación de las TIC en el desarrollo de proyectos de Tecnología.

4 PROPUESTA PARA LA APLICACIÓN DE LAS TIC EN EL DESARROLLO DE PROYECTOS DE TECNOLOGÍA

En el capítulo 2 mostramos cuales son las fases que generalmente sigue el alumnado para realizar los proyectos de taller en Tecnología. En este capítulo realizamos una propuesta metodológica para abordar dichos proyectos, mostrando cómo puede emplear el alumnado los distintos tipos de herramientas TIC que se proponen en este trabajo, a la hora de realizar cada una de las tareas propias de cada fase del método de proyectos descritas en el apartado 2.2.3.

Algunas de las herramientas TIC propuestas en este trabajo como por ejemplo las herramientas para autoevaluarse, sólo sirven de ayuda en alguna fase determinada del proyecto, pero otras como las herramientas para la gestión de toda la información generada, para la organización y para la comunicación son herramientas que se utilizarán transversalmente a lo largo de las distintas fases del proyecto. Las herramientas TIC que se pueden utilizar de forma transversal en todas las fases del método de proyectos de Tecnología, se muestran esquemáticamente en forma de mapa mental en la Figura 7.

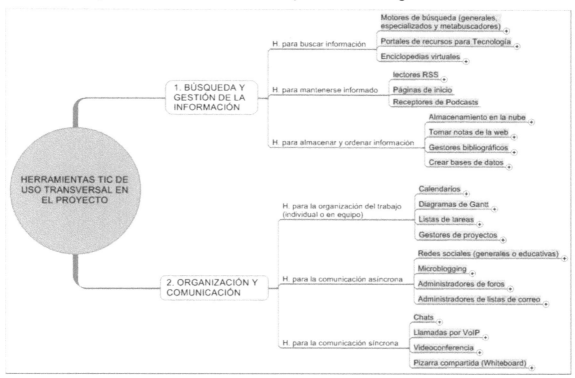

Figura 7. Herramientas TIC de uso transversal a lo largo del proyecto

En cuanto a las herramientas TIC que puede utilizar el alumnado en cada fase del método de proyectos de taller en Tecnología, las mostramos también en forma de mapa mental en la Figura 8. En este mapa mental se indican: las distintas **fases** de trabajo descritas en el apartado 2.2.3 y su responsable (nivel 1), las **tareas** propias de cada fase (nivel 2) y el **tipo de herramientas TIC** que puede utilizar el alumnado como recursos de apoyo para la puesta en práctica de cada una de dichas tareas (nivel 3). En las tablas del apartado 3.3, mostrábamos a que subcategoría pertenecen estas herramientas de acuerdo con nuestra clasificación.

Las TIC en el aula de Tecnología. Guía para su aplicación a la metodología de proyectos.

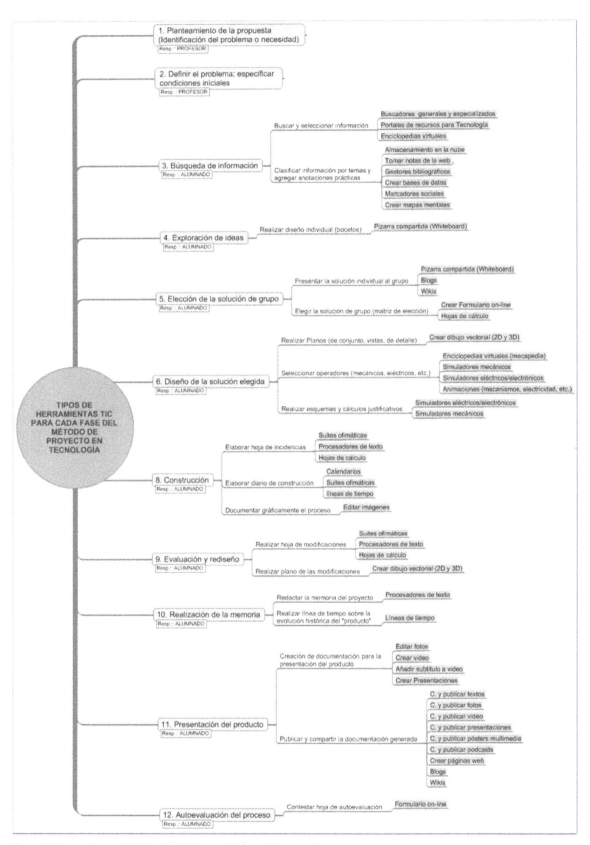

Figura 8. Herramientas TIC de utilidad en cada fase del proyecto

La puesta en práctica y desarrollo de los proyectos de Tecnología siguiendo la metodología aquí sugerida, no debe aplicarse al pie de la letra en todos los cursos en los que se imparten las materias del área de Tecnología. Es necesario que el profesorado tenga en cuenta las **recomendaciones generales para los proyectos técnicos** de Díaz (2010):

- *En 1º y 2º de ESO se deben plantear propuestas sencillas y más cortas. En este caso, la propuesta de trabajo debe estar cerrada y bien definida, donde se aporte una o varias soluciones, dado que los alumnos, en estos cursos, no suelen disponer de la suficiente madurez para aportar soluciones.*
- *En 3º de ESO, las propuestas pueden tener una mayor duración en el tiempo y ser algo más complejas. El planteamiento puede ser más abierto para estimular la creatividad, y no se aportarán demasiadas soluciones.*
- *En 4º de ESO se pueden proponer proyectos con soluciones más abiertas y creativas, donde se profundice más en los conocimientos adquiridos.*

Hay que tener en cuenta que el grado de complejidad y de concreción del proyecto y su duración, también repercutirá en el uso que deba hacer el alumnado de las herramientas TIC. Así por ejemplo, en 1º y 2º de ESO, el profesor podría facilitarle al alumnado plantillas o fichas elaboradas ya en soporte digital para que las completara utilizando la herramienta TIC correspondiente. En cambio, en los últimos cursos, podría haber más libertad a la hora de decidir incluso el tipo de herramientas TIC a utilizar para cada tarea. Por ejemplo, algún grupo podría decidir hacer un póster para publicitar el resultado final de su proyecto mientras que otros podrían grabar un video con subtítulos o hacer una presentación.

Por tanto, la propuesta metodológica que aquí planteamos debe entenderse como una orientación para el profesorado de Tecnología que desee integrar las TIC a la hora de realizar los proyectos de taller. No debemos olvidar que debe ser el profesorado quien, en última instancia, debe adaptar la metodología a emplear con su alumnado, en función de las características de éste y de los recursos informáticos disponibles.

Aplicación de la metodología propuesta en una clase "teórica" de Tecnología

Vamos a mostrar mediante un sencillo ejemplo las posibilidades didácticas que nos ofrecen estas herramientas incluso en una clase "teórica" ordinaria de Tecnología.

Pensemos en una clase de 4º de ESO en la que el alumnado debe adquirir conocimientos sobre los principales componentes que se emplean en los circuitos electrónicos (resistencias fijas, variables y dependientes, condensadores, diodos, LEDs, transistores, relés...) y su funcionamiento básico: El profesor puede colgar en una plataforma educativa (red social, wiki o blog), una presentación con diapositivas y varios videos de distintos elementos electrónicos mostrados en clase. De esta forma el alumnado puede, en cualquier momento, revivir la clase casi en su totalidad. A su vez, el profesor ha proporcionado una serie de enlaces a unas páginas web con información relacionada sobre el tema y propone una serie de actividades individuales así como la realización de un trabajo, por grupos, que consiste en presentar cada uno de los distintos componentes vistos en clase, describiéndolos brevemente, incluyendo fotografías e indicando cuál es su símbolo, qué tipos hay, cómo identificar su valor, cómo funcionan y posibles aplicaciones.

El alumnado, individualmente, haciendo uso de los buscadores (generales y especializados) podría localizar la información que considere de interés para su trabajo (fotos de componentes electrónicos con licencia Creative Commons, videos de youtube donde se vea su funcionamiento, etc.) y archivarla en la nube de forma que cualquiera de los miembros de su grupo pudiera acceder a ella en cualquier momento.

Cada alumno, a través de su página de inicio personal, podría estar suscrito mediante RSS al blog del aula (donde el profesor iría proponiendo las distintas tareas, tanto individuales como de grupo). Esto mismo podría realizarse empleando una red social educativa donde el alumnado también podría tener acceso a un calendario compartido donde se irían marcando fechas de entrega de actividades, exámenes, etc.

Alguna de las tareas individuales podría consistir en realizar alguna práctica empleando algún simulador de circuitos eléctricos o visualizar animaciones en flash, para que comprueben e investiguen aspectos relacionados con la materia.

El trabajo final de grupo, puede ser la aportación de su trabajo al wiki colaborativo del aula, crear una presentación o incluso una grabación de video explicando la constitución y el funcionamiento de algún circuito electrónico básico, mostrándolo en una plataforma y publicándolo en Internet. En el caso de que tuvieran que crear un video, podrían incluir subtítulos en otro idioma para trabajar el vocabulario técnico en idiomas extranjeros, o en su propio idioma para que sea accesible para discapacitados auditivos.

El alumnado podría comunicarse en cualquier momento con el profesor mediante correo electrónico para plantarle sus dudas e incluso plantearlas en algún foro creado al respecto, al que tuvieran acceso sus compañeros.

Finalmente, el alumnado podría acceder a cuestionarios de autoevaluación online para verificar el grado de adquisición de los contenidos trabajados.

De esta forma, al mismo tiempo que el alumnado aprende y maneja conocimientos de electrónica analógica, también aprende técnicas de edición de video o audio, así como el uso de herramientas colaborativas, etc.

Capítulo 5
Conclusiones

Contenido

5.1 Verificación de hipótesis y objetivos.

5.2 Futuros trabajos.

5 CONCLUSIONES

Tras el capítulo introductorio, el capítulo 2 ha permitido:

- Mostrar la particular evolución de las TIC en el currículo del área de Tecnología, a lo largo de las distintas leyes del sistema educativo español y de la normativa que la desarrolla.
- Exponer el tratamiento de las TIC en el currículo actual del área de Tecnología en la Comunidad Valenciana.
- Mostrar los fundamentos en los que se basa la metodología de proyectos en Tecnología: los métodos de diseño "tradicionales" de la ingeniería y el Aprendizaje Basado en Proyectos de Kilpatrick.
- Exponer las orientaciones metodológicas que se proponen en la legislación educativa para desarrollar el método de proyectos en el área de Tecnología, considerado como el eje vertebrador de la materia.
- Mostrar las distintas tareas que se suelen realizar al abordar los proyectos de taller propios del área de Tecnología, siguiendo las fases del método de proyectos.

En el capítulo 3, se han analizado las clasificaciones existentes sobre las herramientas TIC para la Educación. A la vista de dicho análisis, podemos concluir que:

- No existe una clasificación homogénea de las herramientas y recursos facilitados por las nuevas tecnologías con aplicaciones educativas, aunque podemos afirmar que la mayoría se centra en el proceso de enseñanza-aprendizaje y, en particular, en lo que el alumno hace mientras tiene lugar el aprendizaje.
- En las clasificaciones existentes analizadas, echamos en falta una descripción práctica de la aplicabilidad de dichas herramientas al proceso de enseñanza-aprendizaje.
- No se ha encontrado ninguna propuesta concreta para aplicar las TIC en el proceso de enseñanza-aprendizaje del área de Tecnología en la ESO. Creemos que esto es debido al hecho de que se considere que las TIC ya están integradas en este área, al estar incluidas en su currículo.

Posteriormente se ha mostrado nuestra propuesta basada en el uso que el alumnado de Tecnología puede hacer de dichas herramientas de forma activa durante su proceso de aprendizaje. Un análisis de los tipos de herramientas y sus aplicaciones a los que hace alusión el currículo de Tecnología en la Comunidad Valenciana, nos ha permitido establecer once subcategorías que se han reordenado en un orden lógico en el que el alumnado las podría utilizar en su proceso de aprendizaje y que, finalmente, se han agrupado por su afinidad en las cinco categorías siguientes:

1. Búsqueda y gestión de la información.
2. Organización y comunicación.
3. Creación de contenidos.
4. Ejercitación y evaluación.
5. Expresión y publicación de contenidos.

Para cada una de las categorías y subcategorías propuestas se han mostrado los distintos tipos de herramientas TIC que engloban. Para cada uno de estos tipos de herramientas, se ha mostrado una selección de las herramientas más destacadas indicando una serie de características que pueden servir al profesorado de Tecnología a la hora de elegir o proponer las herramientas más adecuadas para su alumnado, en función de sus características y de los recursos informáticos disponibles (si se trata de una aplicación web o se tiene que instalar en el ordenador, el sistema operativo para el que está disponible en caso de que se tenga que instalar, si es gratis o de pago y, en este caso, si existen versiones "básicas" gratuitas o descuentos especiales para su uso en entornos educativos, si está disponible en español o sólo en inglés, si requiere que el usuario se registre para utilizarla y si permite o no el trabajo de forma colaborativa).

Finalmente, el capítulo 4 ha mostrado como los distintos tipos de herramientas TIC pueden ser integradas a la hora de desarrollar los proyectos de taller propios del área en la ESO. Concretamente, tras identificar en el capítulo 2 las tareas que suelen realizarse al abordar los proyectos de taller propios del área de Tecnología, hemos propuesto, en este capítulo, los distintos tipos de herramientas TIC que el alumnado puede emplear de forma activa para llevar a cabo cada una de dichas tareas. De esta forma se consigue la "verdadera" integración de las TIC en el área de Tecnología: el alumnado emplea las TIC como una herramienta más de su proceso de aprendizaje y no como un fin en sí mismo, de acuerdo con los planteamientos curriculares actuales del área de Tecnología.

En este mismo capítulo se ha mostrado también como nuestra propuesta metodológica para la aplicación de las TIC en el desarrollo de proyectos puede, además, aplicarse en las clases teóricas de Tecnología (e incluso de cualquier otro área). Para ello, se debe sustituir la tradicional metodología expositiva por parte del profesor por una metodología más constructiva, en la cual sea el alumnado quien, al buscar, seleccionar, elaborar y publicar información, utilizando las herramientas TIC que proponemos, construya su propio conocimiento.

Para cerrar el estudio, en el presente capítulo se estructuran y se presentan las conclusiones del estudio realizado, justificando el cumplimiento de los objetivos y parcialmente de la hipótesis planteada al principio del estudio, la cual esperamos refrendar totalmente con el desarrollo de mi futura tesis doctoral.

5.1 Verificación de hipótesis y objetivos

Al principio del estudio se formuló la siguiente hipótesis:

- Si las TIC son utilizadas convenientemente, contribuirán a mejorar el proceso de enseñanza-aprendizaje del área de Tecnología.

Puesto que el presente trabajo pretende ser un trabajo meramente descriptivo, la validación de la hipótesis de la que partimos quedará refrendada con el trabajo completo de mi futura tesis doctoral, ya que en ella se plantearán, entre otros, los siguientes objetivos:

- Realizar un diagnóstico de la situación actual de la utilización de las TIC en el área de Tecnología de la ESO en el ámbito de la Comunidad Valenciana, en la que nos interesaremos por los usos que hacen de las TIC el profesorado y el alumnado de Tecnología.
- Analizar una experiencia real en el área de Tecnología, cuyo objetivo sería testear las propuestas realizadas en este trabajo de investigación.

En cuanto a los objetivos, al principio de este estudio se plantearon los siguientes:

- **Objetivo 1.** *Recopilar las herramientas TIC disponibles de interés educativo y clasificarlas en función del papel que pueden desempeñar para el alumnado durante el proceso de enseñanza-aprendizaje de la Tecnología.*

- **Objetivo 2.** *Describir las características de las principales herramientas TIC seleccionadas, con el fin de que sirvan para orientar al profesorado a la hora de seleccionar las herramientas TIC más adecuadas en su práctica docente, en función de los recursos informáticos disponibles y las características de su alumnado.*
- **Objetivo 3.** *Desarrollar un modelo de uso y aplicación de las TIC como herramientas de apoyo para el alumnado durante el desarrollo de los proyectos propios del área de Tecnología.*

Con la clasificación propuesta en el apartado 3.3 de este trabajo, en la que se muestran las categorías y subcategorías en las que se pueden clasificar las herramientas TIC que el alumnado de Tecnología puede utilizar de forma activa durante el proceso de enseñanza-aprendizaje de la Tecnología se cumple el **objetivo 1**.

El **objetivo 2** también se ha cumplido al incluir, en la clasificación citada, información sobre las siguientes características de las principales herramientas seleccionadas: la plataforma en la que puede ser utilizada (aplicación de escritorio o aplicación web); en el caso de que sea una aplicación de escritorio, el Sistema Operativo para el que está disponible dicha aplicación (Windows, Linux o Mac Os X); el coste de la aplicación (si es gratis, de pago, si existe alguna versión "básica" gratuita aunque tenga limitaciones o si existen descuentos especiales para su uso en entornos educativos); si está disponible en español (o sólo en inglés); si es necesario que el usuario se registre para utilizarla; si permite o no el trabajo colaborativo.

A partir de la clasificación propuesta en el apartado 3.3 de este trabajo, hemos realizado una propuesta metodológica para el desarrollo de proyectos a través de las TIC, indicando los distintos tipos de herramienta que el alumnado puede utilizar, al realizar las tareas de cada una de las fases del método de proyectos. De esta forma, consideramos cumplido también el **objetivo 3**.

5.2 Futuros trabajos

En futuros trabajos, se pretende realizar una nueva clasificación de las herramientas TIC disponibles para el proceso de enseñanza-aprendizaje de la Tecnología, pero en función de su utilidad para el profesorado, en lugar de para el alumnado.

También se pretende elaborar un sitio web en el que se mostrarían ambas clasificaciones de las herramientas TIC, que se actualizaría periódicamente. El sitio web permitiría también la valoración de las herramientas TIC por parte del profesorado de Tecnología y, además, se propiciaría un espacio para el intercambio de experiencias, que enriquezcan y mejoren la calidad de la enseñanza de la Tecnología en la ESO, con el fin de incrementar el uso de las TIC por parte del profesorado de Tecnología en sus clases.

Se pretende llevar a cabo también un diagnóstico de la situación actual de la utilización de las TIC en el área de Tecnología de la ESO en el ámbito de la Comunidad Valenciana, en el que nos interesaremos por los usos que hacen de las TIC el profesorado y el alumnado de Tecnología.

Para la validación de la hipótesis planteada en este trabajo, se realizará un estudio de carácter confirmatorio, analizando alguna experiencia real en el área de Tecnología, cuyo objetivo sería testear las propuestas realizadas en este trabajo de investigación respecto al uso de las TIC en el proceso de enseñanza-aprendizaje de la Tecnología y, en particular, a la hora de desarrollar los proyectos técnicos propios del área en la ESO. De esta forma se valoraría su capacidad para mejorar la motivación, la participación y el interés del alumnado, así como para mejorar su rendimiento académico y, por tanto, para conseguir los objetivos que el área de Tecnología se plantea actualmente.

REFERENCIAS BIBLIOGRÁFICAS

Adell, J. (2004). Internet en el aula: las WebQuest. Edutec. Revista electrónica de tecnología educativa, 17, 1-28.

Alba, C. (1994). Utilización didáctica de recursos tecnológicos como respuesta a la diversidad. En J. M. Sancho, Para una tecnología educativa (págs. 221-239). Barcelona: Horsori.

Alva, M. (2008). Las tecnologías de la información y el nuevo paradigma educativo. Contexto educativo: revista digital de investigación y nuevas tecnologías, nº 29.

Ananiadou, K., & Claro, M. (2009). 21st Century skills and competences for new millennium learners in OCDE countries, [EDU Working paper nº 41]. OCDE. Bruselas: Bélgica.

Area, M. (2004). Los ordenadores en la educación secundaria. Del MS-DOS a Internet. Aula de Innovación Educativa, nº 135, 30-34.

Area, M. (2005a). Tecnologías de la información y comunicación en el sistema escolar. Una revisión de las líneas de investigación. RELIEVE, 11 (1), 3-25.

Area, M. (2005b). La educación en el laberinto tecnológico. De la escritura a las máquinas digitales. Barcelona: Octaedro.

Area, M. (2006). Hablemos más de métodos de enseñanza y menos de máquinas digitales: los proyectos de trabajo a través de la WWW. Cooperación Educativa, nº 79, 26-32

Bartolome, A. R. (1996). Preparando para un nuevo modo de conocer. EDUTEC revista electrónica de Tecnología Educativa, nº 4.

Bernal, R. M. (2009). Revisión conceptual y posibilidades educativas de las Web 2.0. Trabajo de investigación para la obtención del Diploma de Estudios Avanzados, Departamento de Didáctica y Organización escolar, Universidad de Murcia.

Bo, R. M., & Sáez, A. (2005). Dimensiones obtenidas en los obstáculos percibidos para la integración de las nuevas tecnologías de la información y la comunicación (NTIC) por parte de los profesores de la Comunidad Valenciana. Actas del XII Congreso Nacional de Modelos de Investigación Educativa.

Cañizares, M. (2005). Una experiencia de utilización de simulaciones informáticas en la enseñanza secundaria. Educatio, nº 23.

Carrera (2002). Uso de diagramas de flujo y sus efectos en la enseñanza-aprendizaje de contenidos procedimentales. Área de tecnología (ESO). Tesis Doctoral, Universitat de Lleida, Departament de Pedagogia i Psicologia.

Cervera, D. (2010). Teoría y práctica del proceso de enseñanza-aprendizaje. En D. Cervera (coord.), Didáctica de la Tecnología, Vol. 2 (págs. 9-26). Barcelona: Ed. Graó.

Chaur, J. (2005). Diseño conceptual de productos asistido por ordenador: Un estudio analítico sobre aplicaciones y definición de la estructura básica de un nuevo programa. Tesis Doctoral, Universitat Politècnica de Catalunya, Departament de Projectes d'Enginyeria.

Christensen, C. M., Horn M.B., & Johnson, C. W. (2008). Disrupting class: How disruptive innovation will change the way the world learns. New York: Mc Graw Hill.

Cuesta, P. (2010). Catálogo de recursos didácticos de la Web 2.0. Recuperado el 17/07/2011 de http://www.unir.net/wikiweb20

Las TIC en el aula de Tecnología. Guía para su aplicación a la metodología de proyectos.

Díaz, F. (2010). El proyecto tecnológico. En D. Cervera (Coord.), Complementos de formación disciplinar, Vol. 1 (págs. 77-94). Barcelona: Ed. Graó.

EDUTEKA (2007). Recursos Educativos Abiertos (REA). Recuperado el 24/07/2011 de http://www.eduteka.org/OER.php

Ertas, A., & Jones, J. C. (1996). The engineering design process (2nd ed.). New York: Wiley & sons.

Farias et al. (2006). Evolución de los modelos del proceso de diseño. En C. Riba & A. Molina (Eds.) Ingeniería concurrente: Una metodología integradora (págs. 21-36). Barcelona: Edicions UPC.

Fuentes et al. (2005). Tecnofobia como déficit formativo. Investigando la integración curricular de las TIC en centros públicos de ámbito rural y urbano. Educar, 36, 169-180.

Galeana, L. (2006). Aprendizaje Basado en Proyectos. Revista electrónica Ceupromed. Recuperado el 16/06/2011 de http://ceupromed.ucol.mx/revista/PdfArt/1/27.pdf

Generalitat de Catalunya (2009). Orientacions per al desplegament del currículum. Tecnologies a l'ESO. Recuperado el 18/07/2011 de www.xtec.cat/edubib

Jones, A. (2004). A review of the research literature on barriers to the uptake of ICT by teachers. BECTA (British Educational Communications and Technology Agency).

Kilpatrick, W. H. (1918). The Project method. Teachers College Record 19, 319-334.

Kilpatrick, W. H. (1921). Dangers and difficulties of the project method and how to overcome them. Introductory statement: Definition of terms. Teachers College Record 22(4), 283-288

Lara, S. (2006). Preparing teachers and schools for the 21st century in the integration of information and communication technologies. Review of Recent Report in the U.S. Interactive Educational Multimedia, 12, 44-61.

López Cubino, R. (2001). El área de Tecnología en Secundaria. Madrid: Ed. Narcea.

López, E., & Miranda, M. J. (2007). Influencia de la tecnología de la información en el rol del profesorado y en los procesos de enseñanza-aprendizaje. RIED Vol. 10 (1), 51-60.

López, M., & Morcillo, J. G. (2007). Las TIC en la enseñanza de la Biología en la educación secundaria: los laboratorios virtuales. Revista Electrónica de Enseñanza de las Ciencias Vol. 6, nº 3, 562-576.

Martín, J. M. (2006). La experiencia de EducaRed. El reto de la nueva pedagogía. Telos. Cuadernos de Comunicación e Innovación, 67, 1-6.

Martín-Laborda, R. (2005). Las nuevas tecnologías en la educación. Cuadernos / Sociedad de la información, nº 5: Fundación AUNA.

MEC (Ministerio de Educación y Ciencia) (1986). La integración de la educación tecnológica en la enseñanza obligatoria: por una formación polivalente. Madrid: MEC.

MEC (Ministerio de Educación y Ciencia) (1987). Proyecto para la reforma de la enseñanza. Madrid: MEC.

MEC (Ministerio de Educación y Ciencia) (1988). Libro Blanco para la Reforma del Sistema Educativo. Madrid: MEC.

MEC (Ministerio de Educación y Ciencia) (1989). Diseño Curricular Base. Educación Secundaria Obligatoria. Madrid: MEC.

Moursund, D. (1999). Project-based Learning in an Information Technology Environment. Eugene, Oregon: ISTE.

NASA (National Aeronautics and Space Administration) (2008). Engineering design process. K-12 version. Recuperado el 23/07/2011 de http://www.nasa.gov/audience/foreducators /plantgrowth/reference/Eng_Design_5-12.html

Ojeda, F. (2008). Educación ambiental y tecnologías de la información y la comunicación: diseño, desarrollo y evaluación de un programa colaborativo en educación secundaria. Tesis Doctoral, Departamento de Didáctica de las Ciencias Experimentales, Universidad de Granada.

Pantoja, A., & Huertas, A. (2010). Integración de las TIC en la asignatura de tecnología de educación secundaria. Pixel-Bit. Revista de Medios y Educación, nº 37, 225-237.

Parrilla, E. (2005). La realización de proyectos tecnológicos dentro del marco del aprendizaje por descubrimiento. Investigación y Educación, Vol. 3, nº 20.

PEAPT (Plataforma Estatal de Asociaciones del Profesorado de Tecnología) (2005a). Evolución de la presencia curricular del área de Tecnología. Recuperado el 24/05/2011 de http://www.sialatecnologia.org/documentos/HorasTecnologia.pdf

PEAPT (Plataforma Estatal de Asociaciones del Profesorado de Tecnología) (2005b). Anteproyecto LOE: Disgregación y ruptura del área de Tecnología. Recuperado el 24/05/2011 de http://www.sialatecnologia.org/documentos/TecnologiaTIC.pdf

Peña, A. (2010). Enseñanza de la geometría con TIC en Educación Secundaria Obligatoria. Tesis Doctoral, Universidad Nacional de Educación a distancia, Departamento de Didáctica, Organización escolar y Didácticas especiales.

Pontes, A. (2005a). Aplicaciones de las Tecnologías de la Información y de la Comunicación en la educación científica. Primera parte: Funciones y recursos. Revista Eureka sobre Enseñanza y Divulgación de las Ciencias, Vol. 2, nº 1, 2-18.

Pontes, A. (2005b). Aplicaciones de las Tecnologías de la información y de la comunicación en la educación científica. Segunda parte: Aspectos metodológicos. Revista Eureka sobre Enseñanza y Divulgación de las Ciencias, Vol. 2, nº 3, 330-343.

Salazar, D. (2011). El aprendizaje y la tecnología. Que se logra a través de la tecnología. Recuperado el 27/07/2011 de http://www.monografias.com/trabajos82/aprendizaje-y-tecnologia-que-se-logra-traves-tecnologia/aprendizaje-y-tecnologia-que-se-logra-traves-tecnologia.shtml

Sancho, J. M. (coord.) (2006). Tecnologías para transformar la educación. Universidad Internacional de Andalucía. Madrid: Akal.

Solano, I. M. (2010). Las TIC para la enseñanza en el aula de secundaria. Recuperado el 08/06/2011 de http://digitum.um.es/xmlui/bitstream/10201/10603/1/TIC_Secundaria_recursos%20y%20experiencias.pdf

Suarez et al. (2002). La formación de los profesores en las TIC como dimensión clave del impacto en el proceso de integración. Memoria científico-técnica. Proyecto de investigación I+D, Ministerio de Ciencia y Tecnología.

Urkijo, M. (coord.) (2004). Investigación: Integración de las TIC en centros de ESO. ISEI-IVEI (Instituto Vasco de Evaluación e Investigación Educativa).

Utiel, C. (2010). Las materias de tecnologías y Tecnología en la educación secundaria obligatoria. En D. Cervera (coord.), Complementos de formación disciplinar, Vol. 1 (págs. 9-26). Barcelona: Ed. Graó.

www.ingramcontent.com/pod-product-compliance
Lightning Source LLC
Chambersburg PA
CBHW082356070326
40689CB00053B/3699